CÓDIGO DOS HOMENS HONESTOS

OU A ARTE DE NÃO SE DEIXAR ENGANAR POR VIGARISTAS

Título original: *CODE DES GENS HONNÊTES*
ou *L'art de ne pas être dupe des fripons*

Copyright © Editora Lafonte Ltda. 2021

Todos os direitos reservados.
Nenhuma parte deste livro pode ser reproduzida por quaisquer meios existentes sem autorização por escrito dos editores e detentores dos direitos.

Direção Editorial *Ethel Santaella*

REALIZAÇÃO

GrandeUrsa Comunicação

Direção *Denise Gianoglio*
Tradução e Adaptação *Otavio Albano*
Revisão *Diego Cardoso*
Capa, Projeto Gráfico e Diagramação *Lorena Alejandra Zuniga Munoz*

Dados Internacionais de Catalogação na Publicação (CIP)
(Câmara Brasileira do Livro, SP, Brasil)

Balzac, Honoré de, 1799-1850
  Código dos homens honestos : ou a arte de não se deixar enganar por vigaristas / Honoré de Balzac ; tradução Otavio Albano. -- São Paulo : Lafonte, 2021.

  Título original: Code Des Gens Honnêtes : ou L'art de ne pas être dupe des fripons
  ISBN 978-65-5870-174-3

  1. Ficção francesa I. Título.

21-78337   CDD-843

Índices para catálogo sistemático:

1. Ficção : Literatura francesa   843

Aline Graziele Benitez - Bibliotecária - CRB-1/3129

Editora Lafonte
Av. Prof.ª Ida Kolb, 551, Casa Verde, CEP 02518-000, São Paulo-SP, Brasil - Tel.: (+55) 11 3855-2100
Atendimento ao leitor (+55) 11 3855- 2216 / 11 3855 - 2213 - atendimento@editoralafonte.com.br
Venda de livros avulsos (+55) 11 3855- 2216 - vendas@editoralafonte.com.br
Venda de livros no atacado (+55) 11 3855-2275 - atacado@escala.com.br

Honoré de BALZAC

CÓDIGO DOS HOMENS HONESTOS

OU A ARTE DE NÃO SE DEIXAR ENGANAR POR VIGARISTAS

Tradução
Otavio Albano

Brasil, 2021

Lafonte

SUMÁRIO

PRÓLOGO 6

Considerações morais, políticas, literárias, filosóficas, legislativas, religiosas e orçamentárias sobre a Companhia dos Ladrões 11

LIVRO PRIMEIRO
Dos ofícios previstos pelo Código 24

TÍTULO I. Dos ladrõezinhos 27

CAPÍTULO 1
Dos lenços, relógios, sinetes, tabaqueiras, fivelas, carteiras, bolsas, broches, etc. 29

CAPÍTULO 2
Roubos em lojas, em apartamentos, cafés, restaurantes, roubos domésticos, etc. 38

TÍTULO II. Golpes 51

TÍTULO III. Assaltos 71

CAPÍTULO 1 73

Resumo do Livro Primeiro 81

LIVRO SEGUNDO
Das contribuições voluntárias forçadas angariadas pelas pessoas mundanas nos salões 86

CAPÍTULO À PARTE
Dos apelos feitos à sua carteira na casa do Senhor 123

Resumo do Livro Segundo 131

LIVRO TERCEIRO
Ofícios privilegiados 136

CAPÍTULO 1
Do tabelião e do advogado ou tratado sobre o perigo que o dinheiro corre com os oficiais 137

Resumo do Capítulo 168

CAPÍTULO 2 170

O dinheiro, nos tempos atuais, possibilita prazer, consideração, amigos, sucesso, habilidades, até mesmo caráter; esse doce metal deve, portanto, ser objeto constante de amor e preocupação por parte dos mortais de todas as idades e condições, dos reis às costureiras, dos proprietários aos emigrantes.

Mas, esse mesmo dinheiro, fonte de todos os prazeres, origem de todas as glórias, é também alvo de toda sorte de pilhagens. A vida pode ser vista como um combate perpétuo entre ricos e pobres. Os primeiros estão entrincheirados em uma fortaleza com muralhas de bronze, repleta de munição; os últimos rodeiam, atravessam, saltam, atacam, corroem as muralhas; e, apesar das proteções salientes que lhe são adicionadas, dos portões, dos fossos, da artilharia, é raro que os salteadores, esses cossacos do Estado social, deixem de levar alguma vantagem.

O dinheiro arrecadado por esses piratas civilizados é irremediavelmente perdido; e seria uma medida preciosa manter-se vigilante contra seus violentos e habilidosos ataques. É para esse objetivo que dirigimos todos os nossos esforços; e tentamos, para o bem das pessoas honestas, esclarecer as manobras desses pérfidos Proteus[1].

O homem honesto, a quem dedicamos nosso livro, é o seguinte:

Um homem ainda jovem, amante dos prazeres, rico ou ganhando dinheiro com facilidade por meio de um ofício legítimo,

---

[1] Proteu, na mitologia grega, é uma divindade conhecida por seu dom de premonição, atraindo assim o interesse daqueles que queriam conhecer seu destino. Para evitar o assédio, ele foge ou assume aparências monstruosas e assustadoras toda vez que algum humano se aproxima. (N. do T.)

de uma rígida honradez, seja atuando politicamente, em família ou fora dela, alegre, espirituoso, franco, simples, nobre, generoso.

É a ele que nos dirigimos, querendo poupar-lhe todo o dinheiro que ele poderia perder para a sutileza e para a habilidade, sem sequer perceber-se vítima de um roubo.

Nossa obra terá o defeito de mostrar a natureza humana sob um aspecto triste. Ora, podem dizer, devemos desconfiar de todo mundo? Não há mais pessoas honestas? Devemos temer nossos amigos, nossos pais? Sim!, desconfie de tudo; mas não deixe nunca sua desconfiança transparecer. Assemelhe-se a um gato; seja gentil, afável; mas vigie com cuidado se há qualquer saída; e lembre-se de que as pessoas honestas nem sempre conseguem cair em pé. Fique sempre atento: enfim, saiba como manter sua mente, dependendo da situação, maleável como o veludo, e inflexível como o aço.

Essas precauções são inúteis, podem dizer.

Bem sabemos que hoje não há assassinos nas ruas à noite, que não se rouba com tanta frequência quanto antigamente, que respeitam-se os relógios, que há consideração pelas bolsas e cuidado quanto aos lenços. Também sabemos quanto custa anualmente manter os guardas, os policiais, etc.

Os Pourceaugnac, os Danières[2] são seres puramente fictícios; não se tem mais seus modelos. Sbrigani, Crispin, Cartouche[3] são idealizações. Não há mais provincianos a ludibriar, nem mentores

---

2 Respectivamente, protagonistas das peças de teatro "Monsieur de Pourceaugnac", de Molière (1622-1673), e "Danières à Gonesse", de Antoine Simonnin (1780-1856). Na França do século XIX, eram epítomes de pessoas facilmente ludibriadas. (N. do T.)

3 Sbrigani é um dos antagonistas do personagem-título de "Monsieur de Pourceaugnac"; Crispin é criação do autor francês do século XVII Belleroche (1630-1690); e Cartouche (1693-1721) foi um célebre ladrão parisiense que atuou na capital francesa no século XVIII. Em comum, os três nomes representam vigaristas, bandidos e trapaceiros em geral. (N. do T.)

a enganar: o nosso século tem uma aparência completamente diferente, uma fisionomia muito mais graciosa.

Um jovem comum, aos vinte anos, é tão astuto quanto um velho juiz de instrução. Todos sabem quanto vale o ouro. Paris é arejada, suas ruas são largas; não se carrega mais dinheiro em meio à multidão. Já não se trata da velha Paris sem modos, sem luzes: ainda há poucas luzes, é verdade; mas os guardas, os espiões, representam outro tipo de fulgor.

Façamos justiça às novas leis: ao não infligir a pena de morte, obrigaram o criminoso a dar importância à vida. Os ladrões, buscando meios de enriquecer por meio de habilidosos golpes sem arriscar o pescoço, preferiram a fraude ao assassinato, e assim tudo se aperfeiçoou.

No passado, pediam-nos brutalmente a bolsa ou a vida; hoje, não querem nem uma nem a outra. As pessoas honestas tinham de temer os assassinos; hoje, têm como únicos inimigos os prestidigitadores. Agora é a mente que está afiada, e não os punhais. A única ocupação deve ser, portanto, defender nossos escudos contra as armadilhas que os cercam. Ataque e defesa são igualmente estimulados pela necessidade. É uma questão de orçamento, um combate entre o homem honesto que come e o homem honesto que jejua.

A elegância de nossos modos, o aprimoramento de nossos usos e o verniz de nossa educação refletem-se em tudo que nos rodeia. A partir do momento em que começaram a ser fabricadas belas tapeçarias, ricas porcelanas, móveis caros, armas magníficas, os ladrões – a classe mais inteligente da sociedade – sentiram que deveriam colocar-se à altura da ocasião: rapidamente passaram a usar o tílburi, como os corretores da bolsa; o cabriolé, como os tabeliães; o cupê, como os banqueiros.

Então, os meios de adquirir os bens alheios multiplicaram-se de tal forma, envolveram-se de coberturas tão graciosas, tantas pessoas passaram a praticá-los, que se tornou impossível prevê-los, classificá-los em nossos códigos e, por fim, o parisiense, sim, o próprio parisiense, foi um dos primeiros a serem enganados.

Se o parisiense, este ser de gosto tão refinado, de tão rara sagacidade, de tão delicado egoísmo, de mente tão afiada, de tão ampla percepção, deixa-se prender nessas redes tão sutis, havemos de concordar que os forasteiros, os descuidados, os simplórios e as pessoas honestas devem apressar-se em consultar um manual onde esperamos ter apontado todas as armadilhas.

Para muitos, o coração humano é um lugar desolado; tais pessoas não conhecem os homens, seus sentimentos, suas maneiras; elas não estudaram a diversidade de linguagens expressas pelos olhos, pelo andar, pelos gestos. Que este livro lhes sirva de mapa; e que – como os ingleses, que não se aventuram por Paris sem um *pocket book* – as pessoas honestas consultem este guia, certas de que encontrarão os conselhos gentis de um amigo experiente.

CONSIDERAÇÕES MORAIS, POLÍTICAS, LITERÁRIAS, FILOSÓFICAS, LEGISLATIVAS, RELIGIOSAS E ORÇAMENTÁRIAS SOBRE A COMPANHIA DOS LADRÕES

Os ladrões formam uma classe especial da sociedade: eles contribuem para o movimento da ordem social; são o óleo das engrenagens; assim como o ar, eles penetram em todos os lugares; são uma nação à parte, no meio da nação.

Ainda não os consideramos com sangue-frio, com imparcialidade. E, de fato, quem se ocupa deles? Os juízes, os promotores do rei, os espiões, a polícia e as vítimas de seus roubos.

O juiz vê, em um ladrão, o criminoso por excelência que iça à categoria de ciência a hostilidade para com as leis; ele aplica-lhe a punição. O promotor interpreta-o e acusa-o: ambos o abominam, o que é razoável.

Os policiais e os militares também são inimigos diretos dos ladrões e não podem contemplá-los sem se exaltarem.

Por fim, as pessoas honestas, aquelas que são roubadas, não têm a menor vontade de ficar do lado dos ladrões.

Acreditamos ser necessário – antes de tentar revelar os truques dos ladrões, privilegiados ou não, de qualquer classe – fazer algumas considerações imparciais; talvez sejamos os únicos a poder examiná-los sob todos os seus aspectos com sangue-frio; e, certamente, não seremos acusados de querer defendê-los, nós que lhe podamos o meio de vida, e apontamos todos os seus procedimentos, erigindo neste livro um farol que os ilumine.

Um ladrão é um homem raro; a natureza concebeu-o como uma criança mimada; ela reuniu nele toda espécie de perfeições: um sangue-frio imperturbável, uma audácia infalível, a arte de aproveitar toda oportunidade, tão célere e tão vagarosa, a rapidez, a coragem, uma boa constituição física, olhos penetrantes, mãos ágeis, uma fisionomia alegre e efêmera, todas essas vantagens não são nada para um ladrão e, no entanto, são a soma dos talentos de um Aníbal, de um Catilina, um Caio Mário, de um César[4].

Além disso, não deve o ladrão conhecer os homens, seu caráter, suas paixões; não deve ele mentir habilmente, prever incidentes, considerar o futuro, possuir uma mente aguçada e rápida; não deve ele ter um raciocínio claro, soluções afortunadas, ser um bom ator, um bom mímico; não deve ele compreender o tom e os modos das diversas classes da sociedade; não deve ele imitar o funcionário, o banqueiro, o general, conhecer seus hábitos e, se necessário, vestir a toga do comissário de polícia ou as calças amarelas do guarda; enfim, algo difícil, incrível, qualidade que dá fama a Homero, a Aristóteles, ao autor trágico, ao poeta cômico, não lhe é necessário ter imaginação, uma imaginação brilhante? Não deve ele inventar infinitamente novos recursos? Para ele, fracassar é o mesmo que ser condenado às galés.

Mas, se pensarmos na terna amizade, na preocupação paternal com que todos guardam aquilo que o ladrão busca, o dinheiro,

---

4 Políticos romanos, conhecidos por sua destreza e inteligência. (N. do T.)

este outro Proteu; se observarmos com sangue-frio como o protegemos, agarramos, salvaguardamos, escondemos; pelo menos concordaremos que, caso ele empregasse para o bem as primorosas perfeições que lhe são cúmplices, o ladrão seria um ser extraordinário, e que pouco lhe faltou para tornar-se um grande homem.

Então, qual foi seu obstáculo? Talvez essas pessoas, sentindo em si mesmas uma grande superioridade, e tendo também uma extrema inclinação à indolência, efeito comum de seus talentos; encontrando-se na miséria, mas preservando uma audácia desenfreada nos desejos, atributo dos gênios; nutrindo um ódio feroz contra a sociedade, que despreza sua pobreza; sem saber como se conter por causa de seu caráter forte; e abalando todos os seus grilhões e seus deveres; talvez vejam elas no roubo um meio rápido de aquisição. Entre o objeto ardorosamente desejado e sua posse não percebem nada mais, e mergulham com prazer no mal, nele se instalam, nele se confinam, nele se acostumam e formam fortes opiniões, apesar de bizarras, acerca das consequências do Estado social.

Mas, pensemos nos acontecimentos que levam um homem a essa difícil profissão, onde tudo é ganho ou perigo; assim como o paxá[5] que comanda os exércitos de Sua Alteza, o ladrão deve vencer ou será condenado à forca; talvez com isso em mente, pensamentos mais elevados possam surgir no coração dos políticos e dos moralistas.

Quando as barreiras legais que cercam o bem dos outros são ultrapassadas, devemos reconhecer uma necessidade incontrolável, uma fatalidade; pois, afinal, a sociedade nem mesmo oferece pão àqueles que têm fome; e, quando estes não têm como ganhá-lo, o que querem que façam? Além disso, no dia em que a massa dos desafortunados for mais forte do que a massa dos ricos, o Estado

---

5 Título honorífico dado aos governadores das províncias do Império Otomano. (N. do T.)

social se estabelecerá de uma maneira completamente diferente. Neste exato momento, a Inglaterra está sob ameaça de uma revolução desse gênero.

O imposto para os pobres se tornará exorbitante na Inglaterra; e, no dia em que, de trinta milhões de homens, vinte estiverem morrendo de fome, as calças amarelas[6], os canhões e os cavalos não poderão fazer mais nada. Em Roma, houve uma crise semelhante; os senadores mandaram matar os Graco[7]; mas logo vieram Caio Mário e Sula, que cauterizaram a ferida, dizimando a república.

Não falaremos do ladrão por gosto, cuja infelicidade foi comprovada pelo dr. Gall[8], mostrando que seu vício é fruto de sua constituição: essa predestinação seria muito embaraçosa, e não queremos concluir a favor do roubo, queremos apenas despertar a piedade e a providência públicas.

De fato, reconheçamos ao menos no homem social uma espécie de horror ao roubo e, partindo desta hipótese, admitamos infindáveis combates, uma necessidade cruel, progressivos remorsos, antes que a consciência apague sua voz; e, se tais combates aconteceram, quantos desejos coagidos, quantas necessidades horrendas, quantas aflições não existem entre a inocência e o roubo!

A maioria dos ladrões não carece de inteligência, de educação; eles fracassam gradativamente, caem como resultado de

---

6 *Culottes de peau jaune*, no original. Literalmente "calças de pele amarela", expressão militar que designava os soldados experientes. (N. do T.)

7 Referência aos irmãos Graco, Tibério e Caio, líderes das facções populares romanas, cujas propostas de reformas levaram ao assassinato de Tibério e ao início da ditadura em Roma. (N. do T.)

8 Franz Joseph Gall (1758-1828), médico e anatomista alemão, desenvolvedor da frenologia, teoria que assume ser capaz de determinar o caráter e a personalidade de uma pessoa – assim como seu grau de criminalidade – pelo formato do crânio. (N. do T.)

pequenos infortúnios esquecidos do mundo, do esplendor à miséria, conservando seus hábitos e suas necessidades. Alguns criados inteligentes vivem sem fortuna na presença de riquezas, enquanto outros deixam-se dominar pelas paixões, pelo jogo, pelo amor, e sucumbem ao desejo de adquirir conforto para toda a vida, de uma vez por todas, instantaneamente.

A multidão, ao ver um homem no banco dos réus, já o vê como criminoso, abominando-o, mas um sacerdote, ao examinar-lhe a alma, muitas vezes vê nascer o arrependimento. Que grande tema para reflexão! A religião cristã é sublime quando, em vez de virar-se horrorizada, oferece-lhe o seio e chora com o criminoso.

Certo dia, um bom padre foi chamado para dar a confissão a um ladrão prestes a marchar para a morte: foi na França que isso aconteceu, na época em que se enforcava alguém por causa de um escudo roubado, e a cena se passou na prisão de Angers.

O pobre padre entra, vê um homem resignado, ouve-o. Era um pai de família, desempregado; roubara para alimentar os filhos, para vestir a mulher que amava, lamentava a perda da vida, por mais penosa que lhe fora. Ele implora ao padre que o salve. As grades estavam abertas, o criminoso foge e o clérigo sai bruscamente.

Sete anos depois, viajava o padre; chega à noite a uma aldeia, nos confins do Burbonês[9]; pede abrigo batendo à porta de uma fazenda.

No banco das refeições estavam o fazendeiro, sua esposa e filhos; divertiam-se, e a felicidade transparecia-lhes. O dono da casa fez o padre entrar e pediu-lhe que, depois do jantar, fizesse

---

9 *Bourbonnais*, no original. Antiga província no centro da França. (N. do T.)

a oração diária. O padre percebe que ali há devoção de verdade; tudo lhe anunciava conforto e trabalho.

Logo depois, o fazendeiro entra no quarto destinado ao hóspede e cai de joelhos, desfazendo-se em lágrimas. O padre reconhece o ladrão que ele salvara; o fazendeiro trazia-lhe a soma roubada, rogando-lhe que a devolvesse àqueles de quem fora surrupiada: estava feliz que o acaso lhe permitira receber seu benfeitor. No dia seguinte, houve uma festa em segredo entre o marido, a esposa e o bom sacerdote.

Talvez isso seja uma exceção. Ladrões sempre existiram: eles sempre existirão. São um produto necessário de uma sociedade constituída. Na verdade, em todos os tempos, os homens sempre foram profundamente apegados à fortuna. Dizemos todo o tempo: "Hoje, o dinheiro é tudo, quem tem dinheiro é senhor de tudo". Ah!, tome cuidado para não repetir essas frases banais ou acabará soando como um tolo. Quem quer que tenha desfigurado Juvenal, Horácio e os autores de todas as nações, deve saber que o dinheiro sempre foi apreciado e procurado com o mesmo ardor. Ora, todos buscam dentro de si uma forma de fazer fortuna rápida e distinta, pois todos sabem que, uma vez adquirida, ninguém se lamentará; no entanto, tal forma é o roubo, e o roubo é comum.

O comerciante que ganha cem por cento rouba; também rouba o fornecedor que alimenta trinta mil homens a dez centavos diários, conta os ausentes, estraga a farinha misturando-a ao farelo, distribui mercadorias de má qualidade; outro, queima um testamento; este aqui, altera as contas de uma tutoria; aquele ali inventa uma poupança: há mil formas que iremos revelar. E o verdadeiro talento consiste em ocultar o roubo sob a aparência da legalidade: que horror apoderar-se da propriedade dos outros, ela deve chegar até nós por conta própria, essa é a grande sutileza.

Mas ladrões habilidosos são bem recebidos no mundo, passando por pessoas de bem. Se, por acaso, encontramos um patife que simplesmente apossou-se do ouro pertencente a um procurador, ele é mandado para as galés: trata-se de um malfeitor, um bandido. Mas, se for deflagrado o famoso processo judicial, o homem de bem que depenou a viúva e o órfão encontrará mil advogados nesse mesmo mundo.

Quer as leis sejam severas, quer sejam gentis, o número de ladrões não diminui; tal realidade é notável, e nos leva a admitir que a ferida é incurável, que o único remédio é revelar todos os truques, e é isso que tentamos fazer.

Os ladrões são uma peste perigosa das sociedades; mas não podemos negar tampouco sua utilidade na ordem social e no governo. Se compararmos uma sociedade a uma pintura, não precisamos de sombras, de claro-escuro? O que aconteceria conosco se no mundo houvesse apenas homens honestos e privilegiados, sentimentais, estúpidos, espirituais, políticos, simples, à exaustão – ficaríamos completamente entediados; não haveria mais nenhum estímulo: lamentaríamos o dia em que não houvesse mais fechaduras.

Além disso, que terrível perda teríamos de suportar! A guarda, a magistratura, os tribunais, a polícia, os tabeliães, os procuradores, os chaveiros, os banqueiros, os oficiais de justiça, os carcereiros, os advogados desapareceriam como uma nuvem no céu. O que faríamos então? Quantas profissões dependem da má-fé, do roubo e do crime! Como passariam o tempo aqueles que gostam de ir ouvir os litígios nos tribunais, ver o cerimonial dos julgamentos...? Todo o Estado social repousa sobre os ladrões, base indestrutível e respeitável; não há ninguém que não vá perder com sua ausência; sem os ladrões, a vida seria uma comédia sem Crispins e sem Fígaros.

De todas as profissões, portanto, nenhuma é mais útil à sociedade do que a dos ladrões; e, se a sociedade reclama dos encargos que os ladrões lhe custam, está errada; apenas ela e suas onerosas e inúteis precauções devem ser responsabilizadas pelo aumento dos impostos.

Na verdade, a guarda custa .... 20 milhões,

o Ministério da Justiça .... 17 milhões,

as prisões .... 8 milhões,

o encarceramento, os grilhões .... 1 milhão,

a polícia custa mais de .... 10 milhões.

Concentrando-nos apenas nessas economias, ganharíamos cerca de sessenta milhões ao deixar os ladrões trabalharem em liberdade; e, certamente, eles nunca roubariam sessenta milhões por ano; pois, com livros como o nosso, revelaríamos seus truques: assim, vemos que os ladrões pesam muito no orçamento. Eles sustentam sessenta mil servidores públicos, sem contar os estados baseados em seu ofício.

Que classe trabalhadora e comerciante! Como ela dá vida a um Estado! E, ao mesmo tempo, gera movimento e divisas. Se a sociedade é um corpo, os ladrões devem ser tidos como o fel que ajuda a digestão.

No que diz respeito à literatura, os serviços prestados pelos ladrões são ainda mais proeminentes. Os homens de letras têm enorme dívida para com eles e ignoramos como poderiam quitar seus débitos, visto que não oferecem nada que seus benfeitores possam usar como justa recompensa. Os ladrões fazem parte da estrutura de uma infinidade de romances: eles são parte essencial dos melodramas; e é apenas graças a esses enérgicos colaboradores que *Jean Sbogar*[10], *Les Deux Forçats*[11], etc., alcançaram sucesso.

Enfim, os ladrões formam uma república que tem suas leis e seus costumes; eles não roubam uns aos outros, cumprem religiosamente seus juramentos e apresentam, em suma, no seio do Estado social, uma imagem similar à daqueles famosos piratas cuja coragem, caráter, sucesso e eminentes qualidades sempre admiraremos.

Os ladrões têm até mesmo uma linguagem particular, seus chefes, sua polícia; e, em Londres, onde sua companhia está melhor organizada do que em Paris, eles têm seus sindicatos, seu parlamento, seus deputados. Terminaremos essas considerações com um relato do que aconteceu na última sessão de seu parlamento.

Estavam eles reunidos na hospedaria Rose-Mary-Lane. O objetivo da reunião era votar os agradecimentos que seriam oferecidos aos juízes que propunham a abolição da prática de publicar os boletins policiais.

O presidente propôs, antes de tudo, um brinde ao rei.

Um ladrão propôs um brinde à prosperidade do comércio inglês; outro brindou aos juízes.

Depois do banquete, o presidente tomou a palavra, felicitando-se por fazer parte de uma assembleia tão brilhante, numerosa e respeitável: – A questão que nos reúne aqui – disse ele – está ligada aos mais caros interesses de nossa profissão. – Então, o orador passou em revista todos os avanços na arte de roubar,

---

10 Obra do autor do romantismo francês Charles Nodier (1780-1844). (N. do T.)

11 "Os dois condenados", em francês. Peça teatral em três atos do dramaturgo francês Jean-Bernard Boirie (1785-1857). Sem tradução para o português. (N. do T.)

desde suas origens até nossos dias. – Esse costume – disse ele – remonta à antiguidade. As pessoas honestas, assim como os ladrões, mas sobretudo os ladrões, devem evitar criticar as leis que protegem a propriedade; esta é a nossa maior salvaguarda – exclamou ele com veemência ("Atenção! A Atenção!") –, pois elas, em geral, proporcionam uma falsa segurança ao público e, a nós, a possibilidade de exercer nossa profissão. Nosso único capital é a destreza, e aquele que não a possui merece ser punido: sem leis sobre tal matéria, todos os homens estariam vigilantes e prontos a punir imediatamente o ladrão apanhado em flagrante delito. Em vez de pegarmos apenas um ano de detenção, poderíamos ser atingidos por um tiro de pistola que nos mataria; e devemos comemorar todos os dias por sermos de tal forma protegidos pelos juízes e pelas leis.

– Hoje, de acordo com o texto das leis, temos mil maneiras de escapar; o que não aconteceria se os cidadãos tivessem o direito de se defender. Bendigamos o legislador que disse que, antes de nos punir, era preciso provar o delito. Ele nos envolveu com uma guarda de honra. Nenhum cidadão se atreve a atentar contra nossas vidas. E, como sabem, uma carta esquecida em um julgamento, o erro de um escrivão, a sutileza dos advogados, tudo nos salva.

– Do outro lado do Canal – disse o presidente –, os ladrões são ainda mais afortunados do que nós; pois possuem uma guarda de calças amarelas e sabres bem afiados, uma força policial ativa que transmite uma segurança muito maior aos cidadãos. Eles têm sobre nós a imensa vantagem dos passaportes, uma invenção admirável que só beneficia as pessoas do nosso ramo. Também, neste ponto, sou obrigado a admitir a superioridade de nossos vizinhos.

– É verdade – continuou o presidente – que as galés existem, que somos enforcados; chegam até mesmo a nos deportar; mas, reconheçam, honrados *gentlemen*, a providência do legislador e o carinho especial com que nos tratou. Percebam que, sem as galés e a forca, todos interfeririam na nossa profissão. Obtivemos um privilégio: de fato, nesse caso, as punições assemelham-se aos pesados impostos que o parlamento estipula para as mercadorias muito valiosas. Foi assim que conquistamos o monopólio de nosso comércio.

– Prestemos homenagem ao progresso da iluminação, que tudo aperfeiçoou. O gás hidrogênio aumentou ainda mais a segurança de John Bull[12], e acabaremos por poder roubar com toda a segurança.

O presidente, depois de ter ratificado o propósito da reunião, passou a palavra ao sr. Wilsh, um ladrão muito ilustre que, em um discurso sentimental, demonstrou o perigo causado pela publicidade dada pelos jornais às ações do grupo. – Parece-me – disse ele – que basta que as pessoas honestas tenham sobre nós a vantagem advinda das leis, dos policiais, dos juízes, das galés, sem a necessidade dessa horrenda publicidade. Não é justo revelar ao mundo os engenhosos planos que concebemos com tanto esforço. Um estratagema leva meses inteiros para ser elaborado, e um jornalistazinho miserável, que só sabe mentir, nos impede de colher seus frutos. Coloquemos em votação os agradecimentos aos autores da proposta em questão, e proponho que compremos um terreno[13] para o mais famoso dentre nós todos, e o façamos membro do parlamento, para que possa defender nossos direitos e nossos interesses...

---

12 Personificação da Inglaterra ou do inglês médio, representado como um fazendeiro corpulento de pele avermelhada usando cartola e botas. (N. do T.)

13 No século XIX, na Inglaterra, apenas os proprietários de terras poderiam candidatar-se a uma vaga no parlamento. (N. do T.)

Essa proposta foi recebida por aclamações unânimes. Um membro apresentou uma moção sugerindo que, para fazer parte do corpo constituído de ladrões de Londres, fosse obrigatório ter feito um curso de direito. Essa discussão foi adiada para a sessão seguinte, e foi dissolvida a reunião.

O detalhamento dessa memorável sessão mostra que o roubo é uma profissão e deve encorajar as pessoas honestas a continuarem sempre vigilantes.

Ficaremos felizes se, por meio de nossa experiência, pudermos servir-lhes de guia, ao revelar nessa pequena obra as mais notáveis maneiras de roubo que há na sociedade!

LIVRO PRIMEIRO

DOS OFÍCIOS PREVISTOS PELO CÓDIGO

O Código, ao indicar as penalidades submetidas aos ladrões, nomeou os vários tipos de furtos a que um homem honesto está exposto; porém, poderia o legislador prever e descrever os truques, as sutilezas dos profissionais? O Código ensina muito bem ao leitor que ele será vítima de roubo doméstico, de fraude, de furto, acompanhados por circunstâncias mais ou menos agravantes; e suas páginas inquietantes fazem-no agarrar seu dinheiro com o mesmo terror que alguém que, ao ler um livro de medicina, pensa ter todas as doenças cujos sintomas lhe são apresentados. O Código e os juízes são os cirurgiões que fatiam, cortam, aparam e cauterizam as feridas sociais. Mas, onde encontrar o médico prudente que estabelecerá as leis da higiene monetária e fornecerá os meios para evitar os acidentes? Na polícia, talvez? Mas ela pouco se interessa com quem é roubado; é o ladrão que ela persegue: e as corporações de polícia da Europa não lhe devolverão seu dinheiro, assim como não impedirão os roubos: elas estão ocupadas, aliás, em nossos dias, com algo completamente diferente. O Código que publicamos será capaz de preencher essa lacuna; esperamos firmemente que assim seja. No entanto, incapazes de adivinhar todos os sutis arranjos dos ladrões, tentamos reunir neste primeiro livro os aforismos, os exemplos, as máximas, as anedotas que possam servir para esclarecer a honradez inocente nos truques da honradez decaída.

TÍTULO I
DOS LADRÕEZINHOS

Ladrãozinho, entre os *profissionais*, é o nome consagrado por um costume imemorial para designar os prestidigitadores infelizes que exercem seus talentos apenas sobre objetos de valor medíocre.

Em todos os ofícios há uma aprendizagem a cumprir; apenas o trabalho mais fácil é dado aos aprendizes, de modo que não estraguem nada; e, de acordo com o mérito, eles são educados pouco a pouco. Os ladrõezinhos são os aprendizes da corporação e vivem suas experiências *in anima vili*[14].

Assim como, na arte da hipnose, o Abade Faria[15] fazia seus discípulos iniciarem seus estudos com uma cabeça falsa coberta por uma peruca, assim os ladrõezinhos, no passado, praticavam em um manequim suspenso por um fio. O homem de vime se movimentava? Uma bobina fazia soar uma campainha; o professor imediatamente administrava uma salutar correção no aluno, e depois instruía-o a subtrair o lenço de forma sutil e silenciosa.

Mas essa era de ouro dos ladrõezinhos acabou; sua arte, digna de Esparta, está em declínio: teve suas revoluções, suas fases, e eis a situação atual de quem a exerce:

---

14 Literalmente "em alma vil", em latim; por extensão, "de forma irracional". (N. do T.)

15 José Custódio de Faria (1756-1819), mais conhecido por Abade Faria, foi um religioso e cientista da colônia portuguesa de Goa que se destacou como um dos primeiros estudiosos da hipnose. (N. do T.)

O pequeno roubo é, propriamente dito, o seminário onde se recruta ao crime, e os ladrõezinhos são, como se pode ver, apenas os soldados rasos do grande exército dos profissionais sem patente.

Despojados do esplendor com que brilharam de 1600 a 1789, esses discípulos de Licurgo[16] acumularam, ao que parece, duas profissões de origem grega, a fim de se recuperarem de sua nulidade.

Se o ladrãozinho é um homem de certa idade, nunca chegará a grande coisa: trata-se de uma inteligência de última categoria, que só se ocupará de relógios, sinetes, lenços, bolsas, xales, e só terá problemas com as forças de segurança pública.

Ele espera terminar seus dias em paz, alimentado às custas do Estado, em um edifício construído com pedras de Saint-Leu ou Vergelet[17]. Então, como os antigos gregos para quem foram fundados os Pritaneus[18], ele só terá de pensar em sua vida passada, tal qual os heróis de Virgílio fazem no céu.

Mas, se o ladrãozinho é uma criança de quinze a dezesseis anos, ele vai se esforçar enquanto espera sua vez; será treinado nas galés ou nas prisões; estudará seu código e arquitetará, tal qual Mitrídates[19], ousados projetos; arriscará vinte vezes sua cabeça em busca de fortuna e talvez acabe morrendo *coram populo*[20].

Para vislumbrar uma aparência típica do ladrãozinho, mesmo havendo milhares delas, deve-se imaginar um jovem vagando pelas avenidas; ele é esbelto e desembaraçado; as roupas que ele usa não foram feitas para ele; costuma trajar um colete de caxemira

---

16 Lendário legislador de Esparta. (N. do T.)
17 Saint-Leu-d'Esserent e Vergelet são locais situados na região central da França, próximo a Paris, de onde, a partir da Idade Média, vinham as pedras para a construção da maioria dos edifícios da capital francesa. (N. do T.)
18 O Pritaneu era a sede dos membros do governo das cidades-estado da Grécia Antiga. (N. do T.)
19 Mitrídates, o Grande (132 a.C.-63 a.C.) foi rei do Ponto, na atual Turquia, de 120 a.C. a 63 a.C. e um dos mais gloriosos inimigos de Roma. (N. do T.)
20 "Diante do público", em latim. (N. do T.)

ordinária. Cada parte de sua vestimenta pertence a uma moda diferente: ele usa calças cossacas e um paletó inglês. Sua voz é rouca; passou a noite nos Champs-Élysées: por uma questão de elegância, ele segura duas bengalas ou correntes.

– O senhor não gostaria de uma linda bengala?
– Compre comigo uma bela corrente, ouropel[21] legítimo.

Eis um dos selvagens de Paris, um dos seres sem pátria no coração da França, um órfão com toda uma família, sem laços sociais, sem ideias, um fruto amargo dessa conjunção perpétua de extrema opulência e extrema miséria; eis, por fim, um dos tipos do ladrãozinho.

Raramente um homem honesto se arrisca com esses tipos: devemos-lhes o mais profundo desprezo, bengaladas e uma repreensão que terminará com essas palavras sagradas:

– Vá se enforcar em outro lugar!
– Como se disséssemos:
– Não sou um guarda, não gosto de mandar ninguém para a forca; zelo por minha tranquilidade; por que iria eu, por um mísero relógio, meter-me com a polícia ou colocar-me diante de um tribunal?

CAPÍTULO 1
Dos lenços, relógios, sinetes, tabaqueiras, fivelas, carteiras, bolsas, broches, etc.

O roubo em questão é a ação pela qual um objeto passa de uma mão à outra, sem esforço, sem arrombamento, sem nada

---

[21] Liga metálica de cobre e zinco que imita ouro. (N. do T.)

além de um pouco de habilidade. Às vezes, é preciso ter novas e engenhosas ideias para efetuar esse roubo.

Vocês estão no meio de uma multidão.

E você, pobre plebeu, escriturário, estudante de direito, medicina, auxiliar, etc., na fila formada junto à bilheteria do teatro, etc.

O senhor, advogado, médico, homem de letras, deputado, etc., no espetáculo, em uma peça satírica, ocupado em assistir às paródias, no Boulevard de Coblentz, etc.

1

Nunca desconfie do seu vizinho da esquerda que porta uma camisa de algodão grosseiro, uma gravata branca, uma roupa limpa, mas de tecido comum; ao contrário, preste muita atenção aos movimentos do vizinho da direita, cuja gravata é fina e elegante, com grandes joias, costeletas, ar de homem honesto, falar desenvolto; é este quem vai roubar seu lenço ou seu relógio.

2

Se o seu diamante desaparecer, não perca tempo atacando este cavalheiro. – Este é o homem mais honesto da França e de Navarra! – Ele seria revistado em vão, nada seria encontrado com ele: ele o desafiaria a um duelo ou o processaria por perdas e danos. Seu diamante está a cem passos de distância; e, com um pouco de atenção, você verá sete ou oito *fashionables* dispostos estrategicamente na multidão.

3

Prender o relógio com correntes de aço, com fitas, aumentar a segurança com duas ou três correntes, ledo engano! Erro de nossos ancestrais! Costumes antigos! São tão inúteis quanto os antigos remédios preventivos: suas correntes serão cortadas em um piscar de olhos.

4

Hoje, as pessoas decentes não têm mais relógio; assim, não se pode mais roubá-lo.

No passado, usávamos relógios porque eles não figuravam por todo lugar.

Hoje, ninguém bateria à porta de um homem de bem sem antes ver as horas. Todas as igrejas, repartições públicas, ministérios, até mesmo as lojas têm relógios de parede. Nós caminhamos sobre meridianos, sobre canhões do meio-dia[22]. Não se dá um passo sem se defrontar com um mostrador: portanto, um relógio é algo antiquado. Deve-se viver as horas sem contá-las; os relógios são para os entediados.

Além disso, os condutores de carruagem e os passantes não têm todos seus próprios relógios?

5

Se um criado lhe trouxer muitas referências, nas quais sua integridade é exaltada por boas famílias, tome o cuidado de não contratá-lo.

6

Não basta ter a chave de sua adega e uma boa fechadura; não basta contar as garrafas, é preciso tomar todo seu vinho sozinho.

---

[22] Referência a um pequeno canhão instalado em 1768 no jardim do Palais Royal, em Paris, que disparava sempre ao meio-dia em ponto. Desativado em 1911, foi reinstaurado pela prefeitura da cidade no ano de 2011. (N. do T.)

Um respeitável proprietário contara as garrafas, colocara seu lacre e guardara a chave, pertencente a uma fechadura bastante segura. Ao retornar, havia o mesmo número de garrafas, bem lacradas, intocadas, mas todo o vinho desaparecera até a última gota.

Não temos nada a comentar a esse respeito.

Em se tratando de adegas, não há salvação, a não ser que se instale uma armadilha à entrada.

7

Quando você anda pela rua, não deixe ninguém abordá-lo, e ande rápido. Na multidão, não carregue nada com você, nem mesmo um lenço: só as crianças precisam assoar o nariz: só as mulheres frágeis carregam frascos preciosos: só os gordos usam óculos no nariz. Um homem honesto guarda seu fumo à direita, à esquerda ou no centro: por isso, é invulnerável.

8

Se você for a uma sala de leitura ou a um café, finja que está resfriado, tussa; com esse truque, você poderá manter seu chapéu novo na cabeça.

Esse conselho é ainda mais útil para os donos dos restaurantes.

9

Jamais cometa esse asqueroso pecado dos burgueses do Marais[23], que mandam gravar seus nomes e endereços em

---

23 Bairro de Paris. (N. do T.)

letras douradas no chapéu: essa é a hipótese estúpida de um homem que teme um derrame devastador.

Lembre-se de que, se o seu nome estiver bem visível em seu chapéu, em breve você terá em suas mãos um homem muito honesto que conhecia muito bem o senhor seu pai.

E, então, o senhor seu pai lhe deverá quarenta ou cinquenta francos.

Você renunciará à herança paterna por uma soma tão pequena? Deixará seu pai insolvente?

Ah! Maldito chapéu!... Ele lhe terá custado, além dos cinquenta francos, também o relógio atrelado a seu retrato.

10

Quando for comprar joias, ou qualquer outro item caro, converse a sós, em voz baixa, com seu fornecedor e, se puder, espere até que a loja esteja vazia.

Assim, você não correrá o risco de ver chegar a sua casa um jovem joalheiro que, apresentando-lhe uma tabaqueira ou um estojo, com nota fiscal, levará seu dinheiro em troca de uma imitação ou ouropel.

Regra que não sofre de exceções: "Vá você mesmo à loja quando for comprar itens valiosos, e pague diretamente ao seu proprietário".

11

As mulheres elegantes não portam mais bolsa, e não se fazem mais passar por situações ridículas.

Se as mulheres burguesas honradas ainda usarem bolsa depois dessa observação, terão o cuidado de nunca se separarem dela.

De quase nunca a pendurarem em sua cadeira, na igreja.

De nunca a levarem consigo quando forem a um espetáculo ou se virem no meio de uma multidão.

De não colocarem nela objetos preciosos.

De nunca deixarem que se perceba que ela pode conter dinheiro, etc.

12

Desconfie das senhas que você recebe nas chapelarias de bengalas, guarda-chuvas, etc.

13

Um honesto cabo da guarda nacional estava na fila para sua revista.

Uma multidão de espectadores admirava aquela série de ventres brancos, bem alinhados, barrigas patrióticas, pernas comerciais, ombros magnânimos, todos com a mesma altura.

Fazia um tempo excelente; nem uma gota de chuva a temer.

O cabo destacava-se por suas belas joias, e uma magnífica corrente de ouro.

A companhia não reconhecia seu capitão. Apenas no cabo rompia a uniformidade daquela bela fila.

– Um pouco para trás, cabo! – e as duas mãos do capitão empurraram-no com delicadeza.

No momento anterior, tinha ele aquela bela corrente, o desafortunado cabo!...

No instante seguinte, o verdadeiro capitão chegou, mais de quinze centímetros mais alto.

Espanto por parte do cabo. Ele reclama durante todo o tempo da revista dessa mudança repentina de capitão.

– Tanto um quanto o outro se enganaram de companhia: já nem sabem o que estão fazendo!

De volta para casa, o sr. Dubut medita a respeito da investida sobre os bolsos, do valor dos relógios, dos falsos capitães; e sua mulher jura que não lhe dará novamente um presente tão caro.

14

Pessoas honestas colocam seus lenços em seus chapéus.

15

Nunca durma em uma carruagem, a menos que esteja sozinho.

16

Uma das mais belas sutilezas dos ladrões de tabaqueiras e de objetos preciosos é a seguinte:

Na missa do rei Luís XIV, em Versalhes, um jovem lorde parecia deleitar-se em roubar uma tabaqueira muito preciosa, muito estimada por um cortesão. Enquanto o jovem lorde tirava a tabaqueira do bolso do vizinho, ele se virou para certificar-se de que ninguém o observava; encontrou os olhos do rei e, imediatamente, fez-lhe um sinal, ao qual o rei respondeu com um leve sorriso.

Ao sair da capela, Luís XIV pede fumo ao cortesão; este procura sua tabaqueira; o rei procura em seu séquito e, não vendo mais aquele que escolhera como cúmplice: – Ajudei a roubá-lo – diz o grande rei, completamente surpreso.

17

Já que uma das coisas mais preciosas são os nossos cinco sentidos, desconfie dos guarda-chuvas: um desajeitado pode, com a ponta de uma vareta, inutilizar um de seus olhos.

18

É uma vaidade que merece ser punida ter botões de prata ou de ouro em seu casaco.

19

Desconfie, na igreja, das pessoas cujas mãos postas ficam imóveis; frequentemente os ladrões usam mãos de madeira com luvas e, enquanto rezam com fervor, as duas mãos verdadeiras trabalham, sobretudo no momento da consagração.

20

Pode-se descobrir muita coisa boa nos livros de dez, vinte e trinta tostões, mas olhe com atenção para ver se o livro está com todas as páginas. Façamos justiça ao comércio de livros sobre e sob as pontes; eles são honestos e, quando colocam um cartaz que diz "Livros por dez tostões", cabe a você se precaver. Porque parece que estão a advertir-lhe: "Tome cuidado".

21

Já que os vendedores de artigos de segunda mão e os pequenos agiotas são gente tão baixa, temos de classificá-los de *antigos*, a sinagoga dos ladrõezinhos. Nem por isso deixam de se tornar ricos de forma menos legalizada. Considerando que é extremamente difícil recuperar o que esses árabes roubaram, vamos registrar a anedota que se segue:

Um jovem rapaz, artista de profissão, vendera, por cem francos, a um beduíno da rua Saint-Avoye, uma quantidade de mercadorias novas que lhe custaram seiscentos francos, adquiridas a crédito. Desejando vingança, mas só depois de ter gasto os cem francos, ele vai procurar o judeu.

– Eis aqui – disse ele – um quadro que herdei de meu pai; perdi tudo, peço-lhe que me empreste vinte francos com o quadro como garantia, com os seus vinte francos talvez a sorte me seja mais favorável.

– Ah! Esses *chovens*! Esses *chovens*! – disse o judeu, dando-lhe os vinte francos.

– Muito bem! – responde o jovem. – Mas preste atenção, Isaac, pois em seis dias eu trarei seu dinheiro e você me devolverá o quadro. Vamos colocar por escrito este acordo: se eu não voltar no sexto dia, o quadro é seu; mas juro por esse seu queixo barbudo que lhe custará muito caro se você vender meu quadro.

– *Está dita, está dita!*

Três dias depois, passa um lorde, vê o quadro e oferece-lhe um valor exorbitante.

– É um Rubens – diz ele. O judeu recusa.

No dia seguinte, passa um pintor, que faz uma oferta para comprá-lo. Várias pessoas param para contemplar o quadro. O judeu é obrigado, pelo número de ofertas, a esconder a pintura.

No sexto dia, o jovem artista retorna; ele não tem os vinte francos; mas dará seu relógio para obter o quadro de volta. O judeu oferece uma bela soma; recusa categórica. Ele dobra a oferta; o jovem quer o quadro; finalmente, o israelita oferece a metade do preço anunciado pelo inglês. O jovem desiste ao ver o brilho do ouro.

Era uma falsificação!...

CAPÍTULO 2
Roubos em lojas, em apartamentos, cafés, restaurantes, roubos domésticos, etc.

Esses roubos são horríveis, pois se baseiam na confiança; é difícil prevenir-se contra eles; o que será perceptível pela raridade de nossos aforismos. Só podemos nos referir aos exemplos mais famosos.

.... 1

Pessoas honradas, que são forçadas pela natureza de seu infortúnio a empregar apenas cozinheiras, devem, para sua própria segurança, garantir que elas tenham bons hábitos.

A maioria dos roubos domésticos é instigada pelo amor.

O amante de uma cozinheira pode levá-la a fazer muitas coisas.

Você conhece sua cozinheira; você não conhece o amante.

Você não tem o direito de proibir sua cozinheira de ter um amante, pois:

1º Os amantes são independentes das cozinheiras;

2º Sua cozinheira tem todo o direito de querer se casar;

3º Você nunca saberia de nada e, se ela tem um amante, é por um bom motivo.

Assim, amantes e cozinheiras são males necessários e inseparáveis.

.... 2

Examine com atenção as casas lotéricas em sua vizinhança, e descubra se seus criados apostam na loteria, se apenas jogam o que ganham, etc.

3

Nem sempre seus cavalos comerão toda a aveia, mas sempre beberão tudo que houver para beber.

A inspeção dos estábulos é sempre muito difícil.

4

Quando seu apartamento estiver para alugar, muita gente virá visitá-lo; trate de guardar tudo.

5

Querer impedir que um cozinheiro, uma cozinheira, etc., roubem coisas da despensa é uma loucura sem igual. Somos roubados em menor ou maior quantidade, eis a verdade.

6

Sua criada colocará seus vestidos, seu pajem experimentará suas roupas, eles usarão suas roupas de cama.

Se sua viagem ao campo for um honrado pretexto para livrar-se de gente inoportuna, ela lhe trará vários problemas.

Assim que você partir, se você tiver uma corneta, seu pajem irá tocá-la, o *sommelier* irá à sua adega, o lacaio passeará em sua carruagem com a criada, que cobrirá os ombros de caxemira sem o mínimo pudor; enfim, será uma pequena orgia.

7

Nunca fique no meio do caminho: confie completamente em seus criados, ou não confie de maneira nenhuma.

8

Uma cozinheira que tenha apenas um amante tem bons costumes; mas você tem de saber quem é esse amante, seu meio de vida, seus gostos, suas paixões, etc.

Evita-se um assassinato por meio dessa pequena polícia doméstica.

9

Os agentes de câmbio devem cercar seus balcões, em seu interior, com uma grade resistente. Muitas vezes admiramos a imprudência dos joalheiros, seguros apenas por um vidro e, no entanto, eles conhecem a virtude dos diamantes melhor do que ninguém.

10

Não procure seus criados nas agências de emprego: nos classificados?... Menos ainda.

11

Um profissional mandou fabricar colheres de cobre prateado; todos os dias, em vários cafés, ele trocava sutilmente sua colher, e viveu muito tempo desse comércio.

Aviso aos proprietários de lanchonetes e restaurantes.

12

O comércio varejista, em Paris, nunca tem cuidados suficientes contra os ladrões. A guerra entre ambos nunca tem fim.

O sr. E..., um conhecido médico de doenças mentais, recebeu a visita de uma senhora certa manhã, com cerca de quarenta anos, ainda jovem e bela. A carruagem da senhora condessa de *** entrou no pátio do consultório do famoso médico.

A condessa apresenta-se imediatamente e, mãe chorosa, em desespero, fala assim: – O senhor vê-se diante de uma mulher acometida por uma dor muito violenta. Tenho um filho; muito querido por mim e por meu marido; é nosso único filho...

Lágrimas, lágrimas como as que Artemísia derramou sobre o túmulo de Mausolo[24].

– Sim, sim, se... nhor, e já faz algum tempo que sentimos medos terríveis... Ele encontra-se em uma época em que as paixões começam a se desenvolver... Embora o satisfaçamos em tudo que quer, dinheiro, liberdade, etc., ele mostra sinais de demência completa. O que mais se nota é que fala sempre em joias, em diamantes que vendeu ou deu a uma mulher; mas é ininteligível. Suspeitamos que ele possa ter se apaixonado por uma mulher, talvez não muito digna, e que tenha contraído grandes dívidas para satisfazer seus desejos.

– Isso, senhor, é só um palpite: o pai dele e eu não compreendemos as causas dessa loucura.

– Pois bem, senhora, traga-me seu filho...

– Ah! Amanhã mesmo, senhor, ao meio-dia.

– Está bem.

O médico apressa-se em acompanhar a senhora até sua carruagem: ele vê o brasão, os lacaios.

No dia seguinte, a dita condessa vai até um famoso joalheiro e, depois de barganhar por um bom tempo o

---

[24] Artemísia II de Cária (oeste da atual Turquia) foi uma estrategista naval e comandante. Irmã de Mausolo, governante de Cária, tornou-se sua esposa e, com sua morte, erigiu o Mausoléu de Halicarnasso, uma das Sete Maravilhas do Mundo Antigo. (N. do T.)

valor de um adereço de trinta mil escudos, ela se decide, cheia de poréns.

Ela pega o adereço, despreocupadamente tira uma carteira da bolsa, nela encontra dez mil francos em notas, exibe-as; mas, logo depois, guarda-as e diz ao joalheiro:

– Ceda-me alguém para acompanhar-me, eu levo a joia; meu marido pagará; não tenho toda a soma comigo.

O joalheiro acena para um jovem que, todo orgulhoso por subir em uma carruagem, vai com a condessa ao consultório do sr. M...

Ela sobe as escadas com pressa, diz ao médico: – Aqui está meu filho, deixo-o consigo. – Ao sair, diz ao jovem: – Meu marido está em seu consultório, entre, ele lhe pagará. – O jovem entra, a condessa desce rapidamente, a carruagem parte em silêncio: logo depois, ouvem-se os cavalos galopando.

– Muito bem, meu jovem – diz o médico –, você sabe do que se trata. Vamos ver, o que está sentindo?... O que se passa nessa cabecinha?...

– Nada se passa em minha cabeça, meu senhor, nada além da fatura do adorno de brilhantes, que tenho aqui comigo...

– Sabemos do que se trata – diz o médico, empurrando com delicadeza a fatura –, eu sei, eu sei.

– Se o senhor sabe qual é a quantia, basta me pagar...

– Calma! Calma! Acalme-se; seus diamantes, onde os conseguiu? O que aconteceu com eles?... Fale quanto quiser, vou ouvi-lo com toda a paciência.

– É só me pagar, senhor, noventa mil francos...

– Por quê?

– Como? Por quê? – diz o rapaz, cujos olhos se arregalaram.

– Sim, por que eu lhe pagaria?

– Porque a senhora condessa acaba de comprar os diamantes em nossa loja.

– Muito bem, chegamos a algo: quem é essa condessa?

– Sua mulher!... – e ele mostra-lhe a fatura.

– Mas, meu jovem, saiba que tenho a sorte de ser médico e viúvo.

Nesse instante, o jovem joalheiro perdeu a paciência, e o médico, chamando seus assistentes, fez com que o segurassem pelos braços e pernas, o que enfureceu o rapaz. Gritou que tratava-se de roubo, assassinato, emboscada. Mas, depois de quinze minutos, acalmou-se, e explicou tudo que se passara com detalhes, e uma terrível luz iluminou o médico.

Mesmo com todas as investigações que fizemos, esse roubo singular, tão espirituoso, tão original, culminando na cena entre o médico e o rapaz, nunca foi punido. A trapaceira teve o cuidado de eliminar seus rastros; os criados eram seus cúmplices, a carruagem, emprestada; e essa história continua permanentemente na lembrança dos joalheiros.

13

Um dono de restaurante está sujeito a ser roubado de maneira bastante cruel; pois ele não pode exigir a restituição das mercadorias fornecidas.

Contra esse roubo, não há precaução.

14

Luís XV, passando pelos aposentos de Madame de Pompadour, notou um homem empoleirado em uma escada, remexendo em um armário; a escada balançava, o homem corria o risco de cair; o rei foi segurá-la.

Logo depois vieram anunciar à Madame de Pompadour

que ela fora roubada; e o rei, perguntando detalhes da aventura, reconheceu que ele ajudara o ladrão.

Essa é uma das mais belas façanhas dos gatunos.

15

Os comerciantes devem desconfiar de forma especial das pessoas que têm pressa para que suas mercadorias sejam entregues.

O comerciante deve, então, ele mesmo escolher – ou pedir a um de seus funcionários – suas mercadorias, pelo maior tempo possível.

Imagine um rapaz, empregado em uma transportadora, que, em conluio com um ladrãozinho, encomende uma seleção de fitas, uma coleção de joias para uma casa de comércio qualquer, exigindo que as mercadorias sejam entregues na transportadora, e a fatura na tal casa de comércio.

Quando a conta chegar, o comerciante não saberá do que se trata; se você for à transportadora, o proprietário não terá visto nada.

16

Em geral, a raça dos porteiros conquistou em Paris uma notável reputação de integridade; entretanto, nos grandes roubos domésticos, os porteiros, às vezes, desempenham seu papel.

No que lhes diz respeito, é necessário:

1º Que um porteiro tenho alguma inteligência;

2º Que tenha boa audição e excelente visão.

EXEMPLO DA UTILIDADE DE UM BOM PORTEIRO E DE SUA INFLUÊNCIA

O general P... tinha, propositalmente, escolhido um

normando um tanto roliço como porteiro; o general partiu para uma propriedade no campo, recém-adquirida.

Dois dias depois, seu velho tapeceiro apresentou-se com sua clássica carroça puxada por um pangaré; vinha da parte do general, que lhe havia escrito pedindo-lhe que retirasse os móveis deste e daquele cômodo, levando-os para a casa de campo.

O porteiro abre os aposentos, as janelas, as persianas, para que se possa ver melhor, ajuda a carregar os tapetes, os relógios. Ao voltar, o general pagou caro por ter escolhido um porteiro ingênuo.

17

Se você alimenta sua cozinheira, ela terá o direito de tirar uma parte do seu caldo restaurador para o granadeiro[25]. O mal não reside aí. Ela apenas pega parte de sua comida. É um sacrifício ao amor. O crime é preencher a parte que falta no caldo com a mesma medida de água do Sena.

18

Os criados têm uma extrema influência em nossos costumes, nossos hábitos, nossas casas, e, considerando que sua maior ou menor fidelidade pode causar nossa salvação ou nossa ruína, devemos saber que há duas atitudes que devem ser adotadas em relação a eles:

Uma confiança ilimitada;

Uma desconfiança sem limites;

O meio-termo é detestável.

Agora, vamos tentar esboçar um tratado doméstico em poucas palavras:

---

[25] Soldado de elite da guarda de Napoleão. (N. do T.)

Um criado é membro de uma família, assim como, no passado, o oficial de justiça já foi membro do parlamento.

Se você escolheu mal, não é culpa do criado, mas sua.

Ao escolher bem, você tem uma conduta a seguir, ei-la:

Um criado é um homem: ele tem seu amor-próprio e as mesmas paixões que você, seu patrão.

Portanto, não diminua a autoestima dos criados. Em qualquer situação, é uma ofensa que um homem raramente perdoa.

Nunca se dirija a eles, a não ser por ocasião de seu serviço.

Convença-os de que está interessado neles e, acima de tudo, não ria deles em sua presença, pois eles se vingarão, e o patrão que é motivo de riso está perdido.

Se eles têm filhos, cuide deles e pague-lhes os estudos. Se estiverem doentes, trate deles em sua casa.

Deixe bem claro que eles não receberão nenhuma pensão *depois de sua morte*; mas aumente seus salários anualmente, para que, depois de um certo tempo, eles possam estar seguros de um tratamento honrado e de sua preocupação para com eles.

Repreenda-os raramente, mas sempre com firmeza e justiça.

Não os trate com severidade.

Não lhes confie nada de importante até que tenha examinado cuidadosamente seu caráter.

Ainda resta um cuidado permanente até que você esteja seguro de que pode confiar neles; nunca diga nada de importante diante deles; não fale de sua fortuna, do que lhe acontece de bom ou de ruim e, sobretudo, preste atenção às portas e fechaduras, através das quais tanta coisa se vê.

A escolha de um criado é ainda mais importante quando se trata de confiar-lhes seus filhos.

É preciso o mesmo tanto de política e sutileza para liderar

um homem quanto para liderar dez. Essa é a diplomacia de antecâmara; mas ela é tão sábia quanto qualquer outra.

Um único criado, sendo seu amigo, protege-o de todos os roubos que são cometidos em uma casa.

19

Você vê um apartamento suntuoso, bem mobiliado, bem decorado, um homem bem-vestido caminhando em seu interior, conversando sobre assuntos importantes com dois senhores, ou efetuando um pagamento a alguém; você, comerciante, que abastece este senhor pela primeira vez, teme interrompê-lo, entrega-lhe suas mercadorias, com dificuldade apresenta sua conta; ele toma-a, joga-a sobre a lareira e diz: – Está bem, mandarei alguém à sua loja!... – Ele praticamente não olha para você, você sai fascinado; mas, no fundo do seu coração, fica uma apreensão.

Hoje em dia, nem mesmo as crianças se deixam enganar. Todos sabem que o apartamento pode ser emprestado de um amigo, que pode ser alugado por quinze dias, etc.

20

Atacadistas e varejistas, guardem bem este axioma comercial: "Venda apenas à vista para os desconhecidos, ou reúna informações muito seguras antes de dar-lhes crédito".

Quando um homem muito distinto ouvi-lo dizer "Senhor, só vendemos à vista", você verá em seu rosto sua credibilidade.

21

Varejistas de todas as classes, cuidado com as pensões cujos apartamentos dispõem de duas portas de saída. –

Senhor – dizem-lhe –, vou buscar o dinheiro – e levam embora sua mercadoria.

Você espera heroicamente. Tolo, triplamente tolo, você só vai perceber quando a dona da pensão lhe perguntar: – O que o senhor está esperando? – Ou quando lhe informar que o apartamento está vazio e que seu ocupante partiu ontem, na véspera do dia 15.

22

Lembre-se de que muitas vezes você pode ser o centro de toda uma história, e que dois, três ou quatro atores diferentes farão seus respectivos papéis para tirar de sua loja ou de seu bolso esse precioso remédio: o dinheiro!

Exemplo: certa manhã, por volta das onze horas, um inglês, dentro de seu lindo cabriolé, para diante da porta da srta. F..., célebre modista; ele salta e pergunta, com um francês distorcido: – Essa é a papelaria do sr. Chaulin? – Ergue a cabeça, vê as costureiras, prepara-se para voltar ao cabriolé, mas subitamente retorna e mostra às costureiras um pacote de lápis, dizendo-lhes: – Na Inglaterra, muitas vezes deixamos as mercadorias com todo tipo de comerciantes: eis aqui lápis que contrabandeei para a França; valem muito aqui... Gostariam de ficar com eles? Podem ganhar 100% de lucro.

A modista não vê nenhum perigo, nem tampouco você. Quem diabos teria percebido uma armadilha? Não havia um inglês, um cavalo, um cabriolé e um criado inglês com calças de veludo vermelho? A modista aceita.

– Aceito seiscentos francos – diz o inglês, esvaziando seu cabriolé – e tudo vale mais de mil e duzentos francos, vou levar o resto para as papelarias, pois sou obrigado a partir para Londres.

Ele volta a subir no carro e parte.

As moças vão apontar, experimentar o lápis; ele é excelente, suave, sem pedrinhas: é um Middleton legítimo. Um lindo cartaz é colocado na vitrine e os passantes podem ler: *Loja de Lápis Middleton*.

Dois dias depois, um jovem muito bem vestido e bastante gentil, dizendo-se filho do diretor do Colégio de Bordeaux, vem encomendar um esplêndido enxoval, pois vai se casar com uma jovem muito rica. O enxoval custará mil escudos. Ele não para de passar na loja para apressar o enxoval. As costureiras vão à casa dele; as moças, curiosas e tagarelas, relatam que a casa do filho do diretor está bem mobiliada e ele parece ser muito rico.

Certa manhã, ele chega; pergunta se pode ter o enxoval para um determinado dia. Ele quer desenhar o formato de um colarinho; mas perdeu seu belo lápis de estimação. Subitamente, as costureiras falam do lápis de nossa história e oferecem ao rapaz um Middleton.

Que surpresa! Que alegria! Que espanto! – Como vocês têm sorte de ter esses lápis! Como? De onde? Mas eles valem pelo menos mil e quinhentos francos: meu pai ficaria muito feliz em tê-los, etc.

Enquanto ele está em êxtase, o inglês chega em seu cabriolé; desce e pede seus lápis: ele partirá para Londres naquela mesma noite.

O rapaz compra os lápis diante das costureiras, a transação acaba em oitocentos francos, cem para a modista; mas o inglês quer pagamento imediato. Ele está de partida, não tem tempo de ir à casa do filho do diretor.

Este puxa a carteira; só há ali sessenta francos, nada mais. A pobre modista oferece os setecentos francos, o inglês vai embora e o jovem fica de reembolsar os oitocentos francos assim que chegar em casa; ele se oferece para levar uma das moças, mas elas não aceitam: afinal, ele não estava deixando os lápis como garantia?

Quem diabos veria aqui uma armadilha? Que sutileza de detalhes, que mostra de conhecimento no planejamento! Durante seis dias, a modista parabenizou-se por ter ganho cem francos.

Vão à casa do rapaz, ele não estava lá: ele não mais aparece, todos se preocupam, voltam à casa, ele partiu.

A modista começa a se preocupar; mas diz a si mesma: – Tenho mil e quinhentos francos em lápis!

Ao fim de um mês, ela manda vir o dono de uma papelaria; ele examina os lápis; são legítimos; devem valer por volta de novecentos francos; mas descobre um pequeno defeito, eles têm grafite suficiente para escrever apenas quinze linhas, o resto é apenas madeira.

Você pode ver, neste exemplo, que hoje em dia tudo está aperfeiçoado, e que nas artimanhas dos ladrões não falta astúcia quando exercem seu ofício em lojas.

23

Um honrado alfaiate encontrou uma maneira de colocar botões invisíveis nos bolsos das roupas. Essa invenção nos parece boa, mas é superada pela invenção dos bolsos falsos.

Um homem minimamente honesto, então, usa lenços tão finos que cabem no bolso lateral, e a elegância de um casaco fica muito mais evidente.

TÍTULO II
GOLPES

A fraude pressupõe a ideia de uma certa sofisticação, de uma mente sutil, de um caráter inteligente. Deve-se ter um plano, recursos. Quase chega a ser interessante.

Os golpistas são *as pessoas adequadas para os pequenos furtos*; não são repulsivos de se ver; vestem-se como os homens honestos, têm boas maneiras, uma linguagem refinada; introduzem-se nas casas de inúmeras formas, frequentam os cafés, têm seu próprio apartamento e raramente usam os dez dedos, a não ser para assinar. Há aqueles que se aposentam e tornam-se pessoas decentes quando ficam ricos.

Um homem de bom senso temerá os perigos que corre em Paris. Calculou-se que haja cerca de vinte mil indivíduos em suas calçadas que, ao se levantarem de manhã, não sabem onde ou como irão jantar. Isso não é nada: é preciso lembrar-se que eles jantam, e jantam bem.

A classe dos golpistas é numerosa, como podemos ver, e apresenta curiosas peculiaridades.

Na verdade, esse tipo de homem *adequado para o pequeno furto* nasce e morre a cada vinte e quatro horas. Ele parece aqueles insetos do rio Hypanis[26] de que fala Aristóteles. Para ele, todo problema acaba se ele tiver comido ao anoitecer.

---

[26] Nome grego do Rio Kuban, na atual Rússia, que demarcava a fronteira do Império Otomano. (N. do T.)

Normalmente, a guarnição de Paris é composta de vinte mil homens: é uma coincidência curiosa que esses vinte mil profissionais armem todas as manhãs vinte mil armadilhas contra seus compatriotas que, por sua vez, têm apenas vinte mil soldados para protegê-los.

Alegou-se que havia, devido ao suicídio, uma espécie de fundo de amortização para esses vinte mil profissionais, e que o Sena absorvia anualmente, segundo seu curso mais ou menos favorável, uma certa quantidade desses vinte mil homens – como não poderia deixar de ser – formando uma massa *flutuante* de uma verdadeira dívida social.

É verdade que o número de suicídios chega a duzentos e sessenta ou trezentos, ano após ano; mas é nosso dever alertar *as pessoas honestas* e os administradores, que poderiam acreditar em tal cálculo, sobre a falsidade dessa afirmação.

Está provado que um profissional nunca morre na água; e, se isso acontecesse, o número de excedentes seria maior do que o de profissionais que assim se aposentam: além disso, já se sabe a que classe os suicidas pertenciam, e as estatísticas de seus infortúnios já foram determinadas: ainda assim, as vinte mil armadilhas permanecem ativas todas as manhãs.

Um homem adequado para o pequeno furto está sempre na casa dos quarenta anos, pois esse Fígaro dos ladrões deve ter percorrido muitos caminhos antes de chegar a essa perigosa profissão.

Ele tem um certo conhecimento dos usos do mundo, deve falar bem, ter boas maneiras e, também, consciência.

De seu vestuário, o sapato é o que mais se desgasta; e um homem observador sempre notará a condição dos sapatos daqueles que o cercam. Esse é um índice seguro. Um patife nunca anda bem calçado, ele está sempre correndo. Há alguns que, como Carlos XII[27], permanecem cinquenta dias de botas.

---

[27] Carlos XII (1682-1718) foi rei da Suécia de 1697 até sua morte. (N. do T.)

Para melhor examinar esse Gil Blas[28], vamos observá-lo em seu dia mais brilhante. Está vendo, neste salão, um homem de bigode, costeletas grossas, bem vestido? Poderia-se imaginar que seria capaz de, por vinte francos, ensinar como dar o nó na gravata, sendo a sua tão lisa, asseada e colocada de forma impecável. Usa esporas: seria ele um cavaleiro?

Permanece em sua mesa afastada: ele faz suas apostas, esperando a vez de atacar. Nada em sua fisionomia indica seu amor pelo ouro ou a escassez de sua carteira. Ele fala com desembaraço, brinca, *sorri para as damas*; mas, se um golpe se aproxima, o *homem de paz*, como diz sir W. Scott, é intratável; aplica a regra da *academia* com rigor. Você consegue perceber todas as suas facetas? Ele tem um olho penetrante, as mãos aparentemente lentas, tem boa aparência, bom porte, ele inclina-se e chega mesmo a falar de Rossini, da tragédia nova, etc.

Durante quinze dias tem seu cabriolé; ele o devolve e retoma de acordo com os caprichos de sua sorte. Ele é o protetor da honra das damas: hoje em dia, apenas esses descendentes dos antigos cavaleiros defendem as beldades e dispõem-se a desembainhar a espada caso alguém não faça justiça a seus encantos.

Ao jogar, ele arregaça as mangas e embaralha as cartas com uma técnica, uma cautela que seduz; olha para seu parceiro que, perdido na multidão dos adversários, aposta contra ele e, com um sinal, revela o jogo do adversário.

Há em Paris um modelo desses Philibert[29] mais jovens. Ele é por demais conhecido, não vamos descrevê-lo. É o grande homem, o Catilina do gênero.

Sabemos que ele gasta cem mil francos por ano, e que não tem

---

28 *Gil Blas* é um romance picaresco francês, escrito por Alain-René Lesage (1668-1747) e publicado em 1715. (N. do T.)
29 "Philibert" era uma gíria do século XIX, sinônimo de golpista. (N. do T.)

um tostão de renda. Está agora com cinquenta anos; permanece vigoroso e viçoso como um jovem. Ainda dita a moda. Ninguém conduz um cabriolé com tanta agilidade, monta a cavalo tão bem, sabe melhor do que ele como assumir o tom devasso de uma espirituosa orgia, ou as graças francesas da velha corte.

Sustentado por um famoso diplomata, mantido pelo jogo, apoiado pelo amor e recebido incógnito na sociedade, acredita-se que este Alcibíades[30] dos patifes deva sua erudição aos tácitos serviços que ele prestou a um famoso estadista. Até mesmo os malandros da capital citam-no com orgulho! É um de seus grandes homens. Como ele vai acabar? Essa é a questão, já que ainda não se pensou em criar fundos de aposentadoria para esses senhores.

1

César é o primeiro a fraudar sua existência.

2

Não hesitaremos em classificar os mendigos entre as várias formas de arrancar o dinheiro alheio.

1º Porque a maioria dos mendigos fez da mendicância uma arte e só nos apresenta falsos males;

2º Porque, dessa forma, fazem com que nosso dinheiro lhes caia em seus bolsos, de forma ilegítima: impõem--nos a credulidade, a caridade, por meio de manobras e mentiras condenáveis.

3

Desconfie dos mendigos. O verdadeiro indigente não está nas ruas.

---

30 Alcibíades Clinias Escambónidas (450 a.C.-404 a.C.) foi um estrategista e político ateniense. (N. do T.)

O homem que não tem pernas corre, o cego vê muito bem; às vezes, são até mesmo cúmplices de vários golpes.

Um senhor dava a um paralítico um escudo; *um homem honesto* passa e grita: – Como pode dar esmolas a esse patife? Empreste-me sua bengala, você verá como ele corre.

O cavalheiro entrega-lhe sua bengala com punho de ouro, e o guardião dos bons costumes começa a espancar o mendigo que, reencontrando suas pernas, começa a correr: e também corre o vingador dos costumes.

– Ele vai apanhá-lo! Ele vai apanhá-lo! – dizia o senhor; logo os perdeu de vista, e foi o único apanhado.

Essa velha história prova que devemos ter cuidado com os mendigos cujas feridas às vezes são horrendas; e, por mais de uma razão, eles deveriam ser banidos das ruas. Não é natural que uma pessoa doente fique passeando ou deite-se sobre um monte de palha. Para isso, há os hospitais.

Por fim, há mendigos ricos, às vezes muito ricos.

4

É melhor ajudar as famílias cuja pobreza ou desgraças são conhecidas, servir de guia aos órfãos desafortunados, do que distribuir cem francos anuais em moedas de dois tostões a mãos desconhecidas.

5

Nunca jogue bilhar em cafés com pessoas que não conhece.

6

Quando, caminhando por Paris, você for abordado por um homem idoso, muito bem vestido, que lhe disser em voz baixa "Senhor, sou um funcionário aposentado; não tenho pão para comer; vou lançar-me nas águas...", afaste-se rapidamente. Você verá mais tarde por que motivos é necessário apertar o passo.

7

No jogo, não importa a sua companhia, quando for sua vez de cortar, certifique-se de *derrubar a ponte*.

A *ponte* é aquela leve quebra de continuidade que você observará nas cartas de um baralho quando, depois de embaralhadas, foram separadas em dois maços bem distintos, tocando-se nas extremidades; se você não reunir esses dois maços em um só, infalivelmente cortará essa continuidade sutilmente preparada; e, no descarte, você ficará sem o rei.

8

Fuja correndo das mulheres que amam presentes, e que falam sem parar *do seu sentimento!* Do coração! Desse precioso coração! De sua pessoa!... O que há por trás de tudo isso?

Fuja também das mulheres que têm a mania de enchê-lo de presentes: a cada dez recebidos, não deve-se, por decência, retribuir um? E, às vezes, é demais ter de doar um a cada dez recebidos.

9

Há homens que podem roubar suas boas ideias, suas melhores invenções, suas descobertas: esse é um dos golpes mais comuns.

Quando você encontrar uma mina que dá frutos, segure a vaidade que o leva a anunciar seu sucesso.

Principalmente entre autores!... Justo eles, que escondem as próprias ideias.

Entre os fabricantes, ainda mais discrição.

10

Está vendo aquele valente soldado, no Café de Foi, com uma cicatriz? Tem uma condecoração.

É o mais intrépido dos franceses; esteve em todas as guerras; tem boas maneiras, fala apaixonadamente, alisa o bigode, diz "garçom!" com uma voz que anuncia cem anos de vida; examine-o bem. Suas mãos são tão brancas quanto seus dentes, em cada dedo um tufo de pelos, sua pele é bronzeada, seus cabelos, pretos como ébano; ele está bem calçado, com um traje azul elegante.

Uma hora depois, você o reencontrará no Théâtre-Français com uma dama de quarenta a cinquenta anos, viúva, sem filhos e rica, com sete, oito, dez, doze, às vezes até mesmo vinte mil francos anuais de renda: ele lhe faz a corte, oferece-lhe presentes e acabará por se casar com ela.

> **Moral**
>
> Os sábios doutores que escreveram *De aetate critica mulierum*[31] esqueceram-se de uma doença cujos sintomas são:
>
> Um oficial de bigodes, aposentado, amante das mulheres, do dinheiro e dos jogos, cujos hábitos contrastam tanto com os do *sujeito* em questão. Ela acaba sucumbindo e entregando-lhe sua fortuna.

---

31 "A idade crítica para as mulheres", em latim. (N. do T.)

11

O JOVEM HONESTO E ESPIRITUOSO, OU AS DESVANTAGENS DO CASAMENTO. MELODRAMA EM TRÊS ATOS, DE QUE PARTICIPAM PAIS E MÃES

Primeiro Ato

Vê-se primeiro um jovem: ele vai todos os dias à sua repartição, é um rapaz bonito, muito elegante.

Seu pai e sua mãe são burgueses honrados, aposentados do comércio: têm uma bela propriedade, moram em uma de suas casas e têm a felicidade de ver que o filho está no bom caminho. Ele tem um emprego em que ganha mil escudos; recebe outros mil, e esse jovem tem um cabriolé; de tal forma que leva sua mãe ou o venerável pai ao Bois de Boulogne[32], ao teatro.

Eles têm toda certeza, esses bons pais, de que seu filho não joga; o filho é toda a sua glória, eles se espelham nele: parece-se tanto com o sr. Crevet quanto com a senhora.

Pensam em casar o filho: a cena muda. Veem-se agora alguns velhos amigos do sr. Crevet que trazem a filha, a srta. Joséphine. São bons e honrados burgueses que dão pela filha cem mil escudos, em dinheiro.

Segundo Ato

O rapaz com seu pai e sua mãe, na casa dos pais da prometida: haverá ali um baile, se você assim preferir.

---

32 Parque urbano nos arredores da cidade de Paris. (N. do T.)

Mudança de cenário. Vê-se um apartamento que não é a casa dos pais Crevet, nem a casa do pai e da mãe da prometida: o apartamento é suntuoso, a mesa está posta; uma jovem elegantemente vestida aguarda; bonita, pele branca, olhos brilhantes, lábios avermelhados; ela olha pela janela.

Entra nosso jovem, está feliz, muito feliz, vai ao teatro com ela, enfim, estão ambos felizes (o que apenas o espectador pode ver).

Por um acontecimento que também se deve imaginar, essa jovem fica sabendo que seu amante vai se casar. Que terror! Efeitos dramáticos; acusações, cenas comoventes, desoladoras.

– Você vai me abandonar, meu querido amor, você, a quem eu amo tanto.

– Não, jamais!

– Verdade?

– Sim!

– Mas onde conseguir dinheiro?

Terceiro Ato
(A cena se passa na casa da mãe da prometida)

Casamento do jovem com a srta. Joséphine. Todos dançam (é o segundo baile), se divertem, riem. À meia-noite, procuram o noivo: ele levou os cem mil escudos, fugiu com a mulher do segundo ato e abandona a prometida. Todos calam-se; mas a vingança alcançará os culpados; os cem mil escudos acabarão e eles serão condenados.

O que fazer, pais e mães, diante de tamanha canalhice! Como se garantir! É um golpe fatal. É raro, mas recaem sobre uma família como uma chuva de granizo.

12

Ao apresentar uma nota promissória para pagamento, não se separe dela, essa é uma regra comum.

Em 18..., um comerciante tomou uma nota, virou-se para a caixa registradora e, após engolir o papel, negou que a tivessem apresentado.

Essa cena aconteceu na Inglaterra. A soma era considerável. O comerciante dirigia a casa Saint-Hubert e Will. O rapaz que apresentou a nota pertencia à casa dos Mac-Fin. Ambos os banqueiros eram ricos, honrados e gozavam de uma grande reputação de lealdade.

O caso foi levado a julgamento, devido à urgência.

O tribunal, imediatamente, ordenou que um boticário prestasse juramento e vertesse, pelas vias ordinárias, uma coluna de água sobre a nota.

O réu recorreu da sentença; e suas conclusões assim diziam: o tribunal não baseara sua decisão em nenhuma parte da legislação; a introdução de qualquer objeto pelas vias ordinárias era uma tortura; ele, Saint-Hubert, garantia que o uso de empalamento nunca fora adotado na Inglaterra; além disso, ele sofria de hemorroidas e corria-se o risco de atentar contra sua vida e causar-lhe uma fístula; e, por fim, o tribunal não tinha tal direito sobre os súditos de Sua Majestade britânica.

Remeteram o processo com urgência a outro tribunal que, acatando as queixas do acusado, ordenou que o boticário não cumprisse suas funções, mas que o sr. Saint-Hubert fosse preso e alimentado até que a evacuação da nota ocorresse.

A casa Mac-Fin providenciou imediatamente um laudo médico que provava que o papel, não sendo digerido, continuaria *in natura*, tal qual outras substâncias, podendo permanecer no corpo por muito tempo.

O réu, por sua vez, contestou a sentença, alegando que não havia competência para detê-lo, que tal detenção prejudicaria seus negócios; que, além disso, sofria de prisão de ventre e era possível que ficasse quinze ou dezesseis dias detido, e só depois de um mês obteriam a prova de sua inocência. Pedia indenização por perdas e danos, em caso de detenção.

O tribunal manteve sua decisão.

Outra contestação ao julgamento, por parte de Saint-Hubert e Will, pedindo que o tempo de detenção fosse estabelecido.

A casa Mac-Fin fez uma petição para solicitar pelo menos três evacuações.

O julgamento concedeu duas evacuações.

Não houve acordo em relação aos especialistas; houve dois julgamentos posteriores, um para admitir duas substâncias químicas para decompor a matéria e dois médicos para avaliar o estado do intestino; e o outro para admitir dois tabeliães especializados, para verificar as assinaturas.

O réu pediu permissão para ver sua esposa.

Lady Saint-Hubert apresentou, ao mesmo tempo, um pedido para que não lhe tirassem a companhia de seu marido.

A parte contrária opôs-se. Uma sentença foi proferida de acordo com as conclusões da casa Mac-Fin.

Lady Saint-Hubert atacou os juízes diante de um tribunal superior, uma vez que nenhuma lei dava-lhe o direito de dissolver um casamento. A decisão superior deu-lhe ganho de causa, mas permitindo somente a coabitação do réu e de sua esposa.

A essa altura, ambos os lados já haviam despendido trezentas libras em taxas.

A parte adversária exigia a administração de um vomitivo.

O réu alegou que sua saúde seria destruída; que o vomitivo não teria nenhum efeito porque suas digestões ocorreram havia muito tempo.

Sir Saint-Hubert finalmente apelou a todas as espécies de procedimento. Então, devido à irregularidade do processo, o tribunal proferiu uma sentença de acordo com suas próprias conclusões, ou seja, estabeleceu que dois guardas seguiriam o réu a toda parte, por um mês, e examinariam o estado de suas roupas.

Essa decisão previa todas as hipóteses; foram apenas trinta e oito páginas de minutas. Só se falava a esse respeito em Londres.

O Banco Mac-Fin e Companhia desejou uma diarreia: mas o sr. Saint-Hubert permaneceu constipado.

Depois de dezessete dias de alegações e vigilância, ele evacuou de forma abundante. Análise do material: a nota não estava lá.

Londres esperou impacientemente pela segunda evacuação: a nota também não estava lá.

A Casa Mac-Fin e Companhia solicitou a exibição dos registros, produzindo os seus próprios. A nota deveria vencer em tal dia e ser negociada no outro. O sr. Saint-Hubert, obrigado a apresentar seus livros contábeis, mostrou que a nota venceria no dia indicado; mas salientava que ela havia sido paga.

Pediram-lhe que a apresentasse; ele alegou que sua casa costumava queimar as notas quitadas.

Esse caso ocupou a cidade de Londres por dois meses; e de tal modo que os leitores de jornais afirmaram que era um truque do sr. Pitt para desviar a atenção do público de uma certa operação financeira que lhe rendeu dez milhões. A casa Mac-Fin perdeu a nota, que era de duas mil libras esterlinas, e os custos, que se elevaram a trinta mil francos.

A casa Mac-Fin afirmou que lady Saint-Hubert, por devoção ao marido, roubara suas fezes sob os olhos dos guardas; e o público londrino, durante quinze dias, divertiu-se imaginando os meios alegadamente empregados pela senhora. Houvera um golpe simples ou duplo?

13

Uma bela fraude foi a que sofreu a interessante srta. A..., jovem artista do teatro musical. Certa manhã, ela acordou para despedir-se de um jovem desmiolado, como tantos que, a peso de ouro, haviam ajudado a srta. A... a dormir. Esse filho pródigo se levanta, e deposita duas notas sobre um móvel muito precioso ao amor.

Ele sai; ela sente falta dele; e, voltando os olhos para as notas, teme ter sido roubada. Quando percebe o erro do jovem desconhecido, ele já estava longe.

Deixara-lhe duas notas do dentista Désirabode[33].

Esse caso tem sua própria moral.

14

Você casa sua filha com um homem honesto.

Ele jurou-lhe que não tinha nenhuma dívida.

Quinze dias depois, o dote desapareceu.

Daí o ditado: "Mães, não tenham pressa em casar suas filhas". Um dia, publicaremos *a arte de conseguir informações*.

---

33 O dentista Antoine Malagou Désirabode (1781-1850) ficou conhecido em Paris no século XVIII por ter impresso e distribuído notas falsas de quinhentos francos, tendo sido preso e condenado pela polícia francesa. (N. do T.)

15

Nunca confie, nunca envie, nunca deixe uma nota quitada a esmo. Medite sobre o caso Roumage[34].

16

Um golpe comum, terrível e que, infelizmente, tem recaído sobre a classe baixa, que não vai ler este livro, é o que se segue:

Você já deve ter visto, sobre os muros de Paris, uns quadradinhos de papel branco, contornados de preto, que parecem grudados sabe-se lá como.

Esses cartazes sempre anunciam que há, nas ruas de la Huchette, de la Tixéranderie, de la Haumerie e du Cadran, uma casa honesta que garante uma posição para operários, criados, porteiros, libera crédito popular, etc.

Ansiosos por denunciar os roubos desses negociantes de crédito, que vendem tão caro suas mentiras, fomos visitar um desses *honrados estabelecimentos*.

Imagine um beco escuro, uma escada cujos degraus estão tão carregados de terra endurecida que, ao removê-la, seria possível fazer um aterro de dois metros de altura por três de largura em um canal de primeira classe.

Abre-se uma porta com tranca e logo se vê um senhor, cabelos desgrenhados, mãos sujas, sentado diante de uma mesa que se parece muito com as mesas de funcionários presentes nos grandes saguões públicos.

Quando um infeliz chega a Paris para conseguir uma colocação, acaba ali, seduzido pelos cartazes que desonram

---

[34] Caso famoso de fraude sobre notas promissórias ocorrido em Paris no ano de 1824. (N. do T.)

nossos monumentos públicos. Abre-se um cadastro, pega-se seu nome, sobrenome, endereço, algumas informações insignificantes; e o *material digno de colocação* paga um escudo por mês, trinta e seis francos por ano.

Esses homens vivem de enganar senhores e criados; aos primeiros, prometem a elite dos criados, e aos últimos, mundos e fundos; matam dois coelhos com uma cajadada só e atraem a Paris, com seus anúncios, pobres infelizes que deixam suas cidades e empregos honrados para tornarem-se criminosos ao se verem sem um único tostão, nas ruas de Paris, por meses inteiros.

Se esses estabelecimentos fossem administrados para uma finalidade útil, seriam dignos de encorajamento; mas, de trinta escritórios semelhantes, há um ou dois, no máximo, que são quase irrepreensíveis.

Quando se trata de liberar crédito, trata-se de um roubo, de uma patifaria difícil de se imaginar.

A Caixa de Crédito libera empréstimos a mais de 12% de juros (veja o artigo sobre a Caixa de Crédito nos ofícios privilegiados). Percebe-se que a oferta de quitação é apenas mais uma forma de aumentar legalmente a agiotagem.

Mas, se consultarmos os ilustres diretores desses estabelecimentos, quantas razões não usarão para justificar seu negócio! Que oradores!

17

Um jovem muito apresentável é anunciado à casa da srta. B..., artista do primeiro Théâtre-Français; exibe-se diante da interessante proprietária colocando três notas de mil francos sobre a lareira.

Ele é muito bem recebido: é considerado encantador. Tantas coisas a conversar!

Em seguida, o jovem, com ar sério, tira do bolso um recibo em papel timbrado e pede-lhe que o assine. – E por que você quer que eu lhe dê um recibo? – diz ela sorrindo.

– Senhorita, trago-lhe, em nome do sr. P..., tabelião, o quinhão da renda que o sr. Conde de... lhe constituiu.

Pobres atrizes!... Esses diabos de escreventes!...

18

Esta é para os tolos, pois cada um tem um pouco de tolo em si.

Nas festas campestres ao redor de Paris, até mesmo nas ruas de Paris, você verá pessoas que, em um chapéu ou em uma pequena mesa montada sobre um cavalete, oferecem iscas aos transeuntes: são jogos de azar habilmente concebidos, e há sempre espectadores que jogam e ganham. Por mais que tal sorte estimule sua imaginação, nunca arrisque nem um centavo nelas.

19

Se, por acaso, este livro chegar ao interior – onde, cá entre nós, deveria ser examinado com cuidado –, que fique bem claro que, em Paris, não acreditamos haver gente suficientemente tola para comprar os remédios oferecidos pelos charlatães. No entanto, tigelas, grãos, frascos, curativos, gotas, elixires e cinquenta compostos semelhantes são vendidos aos montes; e, às vezes, há em Paris até mesmo jovens que acreditam, em certos casos, nas promessas feitas nos cartazes em que o nome de Vênus é indignamente comprometido, pois essa encantadora deusa não suportava Apolo.

20

Quando um jornalista vende seus elogios, é uma fraude

flagrante, pois, por mais famoso que ele seja, cem linhas não valem cem tostões.

21

Nos bulevares, há dois homens que todos conhecem. Um arrasta-se com duas muletas, o pé esquerdo em uma tipoia; o pé dele não dói mais do que o seu. Recentemente, ele casou a filha e deu-lhe oitenta mil francos de dote.

O outro caminha devagar, anda bem vestido e diz com orgulho "Peço esmolas!". Comprou terras na Provença. Já pode até ser eleito.

22

Certa manhã, um pintor e um carpinteiro, trabalhando quase como rivais, por fim colocaram uma enorme placa sobre uma porta de entrada em uma casa do subúrbio; lia-se, em letras com cerca de trinta centímetros de altura e quinze de largura: *Depósito de Veludos de Nerville*.

No primeiro andar, a Casa Bonnet e Companhia tinha excelentes instalações, escritórios, caixa, loja, e uma pequena tabuleta preta: *Feche a porta, por favor*.

O caixa estava rodeado por livros e por uma grade decorada com tafetá verde; enfim, tudo estava em ordem, e o depósito dos veludos de Nerville poderia competir com todos os banqueiros de Paris em termos de acessórios pertencentes a uma casa comercial.

A poucos passos da casa, um honrado quitandeiro vendia tranquilamente o açúcar e o café consumidos por toda a vizinhança; tratava-se de um homem rico, cunhado de um famoso alfaiate do Palais-Royal.

O quitandeiro observava o ir e vir do chefe do depósito de veludos em um grandioso cabriolé, e também os empregados que, todas as manhãs, traziam ou levavam sacos de dinheiro.

Um jovem funcionário da casa ia fazer o desjejum todas as manhãs em um café em frente à loja do quitandeiro: este, levado pela curiosidade, perguntou-lhe sobre a casa comercial. O jovem resiste, mas finalmente conta-lhe que a casa fabrica veludos de seda a 75% menos do valor corrente; e, vendendo-os pela metade do preço cobrado, ainda ganha 100% de lucro.

O quitandeiro corre até seu cunhado, conta-lhe tudo que sabe e que não sabe sobre a casa de comércio, e fala do veludo.

O alfaiate chega em um cabriolé, quase batendo no veículo do dono dos veludos. Sobem juntos. O alfaiate explica o propósito de sua visita. Pedem-lhe seu nome, já que esses senhores só negociam à vista e com atacadistas, etc. Discutem o preço dos veludos: finalmente, recusam-se a vender-lhe qualquer coisa. O alfaiate enfurece-se, quer o tecido de qualquer forma, mostra a carteira recheada de dinheiro. – Mostre os veludos a este senhor – e o chefe passa à caixa.

O alfaiate acha o veludo excelente, examina cuidadosamente uma peça inteira, compra dez mil francos de tecido, vai ao caixa, recebe a nota fiscal e as peças de veludo são retiradas do estoque diante dele.

Ele volta para casa e, imediatamente, arruma um lugar em sua loja.

O veludo não demora a chegar; os funcionários levam-no para a loja e vão embora.

Quem diabos veria nisso um golpe? Quem, considerando os escritórios, os balconistas, o venerável caixa, o cabriolé, o quitandeiro, o chefe da casa, com essa aparente boa-fé, suspeitaria de uma armadilha? E onde está ela?

Quantas circunstâncias tão habilmente reunidas! Quantas

conjecturas concretas! Quanta pesquisa! É a isso que podemos chamar de alta diplomacia do roubo!

Sete ou oito dias depois, o alfaiate mandou um de seus funcionários buscar uma peça do famoso veludo; pois já havia anunciado na vitrine: *Veludo por quinze francos a fazenda*. Logo, o funcionário vem perguntar onde está o tal veludo!...

Ele sobe ao estoque e vê que o que resta ali são pedaços de sarja com a borda de veludo. Ora, não me digam que o ofício não progrediu nos últimos vinte anos.

23

De modo geral, fuja de tudo que é *barato*; é preciso conhecer muito bem as mercadorias para não ser enganado. As velas de dois francos são de sebo; o tecido de quinze francos é tingido e bem desenredado. No entanto, Paris está coberta por anúncios, e todos os dias alguém se deixa cair.

Lembre-se de que há um monte de tolos por aí, e metade das coisas desse mundo são feitas para eles. Mas você não é estúpido, e a prova disso é que aprecia este livro.

24

Certo dia, na França, um escocês de nome Law começou a trapacear todo o reino. Normalmente, o tal Law é considerado o maior dos homens que a classe dos patifes produziu; mas, hoje em dia, os políticos admitem que ele é o fundador dos sistemas bancário e de crédito. Pode-se ver que há épocas em que um golpe é melhor recebido do que em outras. Nos tempos atuais, o escocês poderia ser um ministro ilibado.

25

Vamos tomar emprestada do espirituoso autor de "A arte de fazer dívidas" esta máxima:

"Você pode mandar passear durante dois ou três anos os fornecedores que lhe cobram caro demais por suas mercadorias." Para saber mais, veja o artigo final do Livro Terceiro.

TÍTULO III
ASSALTOS

Entre os ladrõezinhos, os arrombadores são considerados com um certo respeito. Se os simples ladrões são os bacharéis desta faculdade, e os golpistas, os licenciados, estes devem ser os doutores, os professores eméritos.

Eles passaram por todos os graus, possuem todas as ciências; e, operando *in utroque jure*[35], tudo faz parte de seus domínios.

São eles que dizem, com um sorriso de desprezo, ao passarem diante da polícia corregedora, ao ver chegar os réus: "Esses aí são uns ladrõezinhos!".

Foi um desses assaltantes que, condenado à forca por um roubo de cem mil escudos, disse ao seu colega condenado pelo roubo de ferro-velho: "Isso não passa de pregos!...". Tinha um profundo sentimento de superioridade, e o desprezo desse professor talvez tenha sido mais cruel para com seu colega do que com a forca.

Se pudermos comparar os vários personagens deste livro aos de um melodrama, o arrombador será o ladrão sem lei, que não teme nem a Deus nem ao diabo, de bigodes espessos, de braços nus, olhos vermelhos e sempre perguntando *onde deve trabalhar*.

---

[35] "Em ambos os direitos", em latim. Antiga expressão usada para se referir aos advogados com formação tanto no direito civil quanto no canônico. (N. do T.)

O golpista será o ladrão que é aparentemente honesto; e os ladrõezinhos, os tolos.

Seria difícil fazer um retrato preciso do arrombador. Quase sempre ele sai das camadas mais baixas da sociedade e, sendo seus crimes proporcionais às suas necessidades, a humanidade estremece ao ver um infeliz consumar um roubo que o levará aos trabalhos forçados por dez anos, com o único propósito de surrupiar uma dúzia de colheres ou uma centena de luíses[36].

O herói dos arrombadores foi aquele que, condenado a cem anos nas galés, voltou muito recentemente à sua terra, aos 121 anos de idade.

Ele só reconheceu Bourg, sua terra, no departamento[37] de Ain, ao avistar a igreja de Brou: voltava em êxtase para respirar o ar natal.

Ele triunfara sobre as leis, os grilhões, os homens, o tempo, tudo.

Era um ladrão privilegiado pela natureza.

Não reencontrou nem pais, nem amigos: era um novo Epimênides[38].

Espantado por caminhar em liberdade, andava pelas ruas recebendo as homenagens devidas pelos seus cabelos brancos, e o crime que cometera só lhe vinha à mente como um sonho perdido na infância.

Encontrou sua posteridade morta; e ele, criminoso, ainda estava sobre a terra para ser uma prova viva da misericórdia humana e divina.

Talvez ele sentisse falta de seus grilhões, talvez reclamasse de não estar acorrentado. Este patriarca dos ladrões, seu modelo ideal, sua glória, ainda vive; vamos consultar sua experiência centenária;

---

36 Antiga moeda de ouro com a efígie do rei da França. (N. do T.)

37 Divisão administrativa da França, equivalente aos estados brasileiros. (N. do T.)

38 Epimênides foi um poeta, filósofo e místico grego que, segundo relatos, teria vivido entre 154 e 299 anos. (N. do T.)

ele ainda é consultado por sua causa; ainda visitam-no como a um monumento; é uma peregrinação sagrada, tal qual Meca; e cada assaltante deseja para si mesmo uma vida igualmente plena; espera triunfar como o decano das galés e dos homens.

Em *Les Ermites en Prison*, o sr. de Jouy[39] contou de forma bastante agradável a história de um assaltante, o ladrão mais antigo de Paris: ele é bastante conhecido, e foi tanto um homem honesto quanto um patife. Foi ele quem deixou este preceito memorável: "Nunca se distraia com moedas de seis francos ao forçar a fechadura de uma escrivaninha".

É difícil proteger-se contra roubos consumados através de arrombamentos.

A lei que lhes atribui penas mais graves é justa. Essa lei diz, em seu corpo: "O cidadão tomou todas as medidas; ele dorme tranquilamente, seguro com a chave pendurada em seu pescoço; ele acredita nos bons costumes e na inviolabilidade das fechaduras; e se, enquanto repousa tranquilo, um canalha arromba as portas, as venezianas, as escrivaninhas e leva-lhe tudo, esse abuso de confiança é mais terrível do que o roubo que, cometido em sua presença – por assim dizer – ofereceu a ocasião ao próprio ladrão".

CAPÍTULO 1

O assalto com arrombamento é um meio de adquirir a propriedade previsto pelo Código como qualquer outro que relatamos até agora; mas este é um roubo para o qual temos poucos

---

[39] Étienne de Jouy (1764-1846) foi um dramaturgo francês que abandonou o trabalho militar por uma carreira literária de sucesso. "Eremitas na Prisão" (tradução livre do título citado) faz parte de uma coletânea de contos sobre tipos satíricos da vida na capital francesa. (N. do T.)

remédios a oferecer: ele é brutal e imprevisível. Mesmo a arte de Lavater[40] é inútil para evitá-lo; mas, por outro lado, hábeis serralheiros fabricam fechaduras de segurança, baús que custam cem mil luíses, mil escudos, doze mil francos, trinta mil francos.

Para muita gente, o remédio é pior do que a doença.

Um serralheiro habilidoso encontrou um instrumento que se adapta às fechaduras e, caso a chave seja trocada, uma pistola dispara, acende uma vela e, assim, avisa o homem honesto adormecido.

Também são fabricadas venezianas de metal e persianas de bronze que têm lá seu mérito; assim, pode-se escolher.

Com o atual sistema de movimentação de fundos e a legislação das hipotecas, já não se guarda tanto dinheiro em casa como era costume no passado, e os arrombamentos estão se tornando raros. Essas ações arrojadas só são praticadas por certas pessoas que, devido à sua profissão, são obrigadas a ter à mão somas muito altas; mas, normalmente, os banqueiros, os negociantes, os agentes de câmbio e os tabeliães têm cofres muito bem construídos.

O arrombamento cometido à noite, portanto, só pode ser temido por pessoas que têm somas consideráveis a receber, ou que têm grandes quantidades de diamantes ou objetos preciosos. Para esses dois casos, então, servem os aforismos seguintes:

1

Nunca diga que em tal dia você terá um pagamento a fazer ou receber.

Se você tiver de trazer muito dinheiro para casa, faça-o

---

40 Johann Kaspar Lavater (1741-1801) foi um filósofo, poeta e teólogo suíço, fundador da fisiognomonia, a arte de conhecer a personalidade das pessoas através dos traços fisionômicos. (N. do T.)

da forma mais sigilosa possível. Prefira cédulas ao ouro, e o ouro à prata.

.... 2 ....

Quando se possui belos diamantes, deve-se escondê-los em um móvel com algum tipo de segredo; e, preferencialmente, em um móvel pesado o suficiente para que não possa ser transportado.

.... 3 ....

Em Paris, houve uma época em que um príncipe legítimo e o povo de sua corte divertiam-se à noite roubando transeuntes, arrombando portas, batendo-se contra os vigias. Esse tempo pode ser visto como a era heroica dos arrombadores.

.... 4 ....

Que os comerciantes, tolos o suficiente para acreditar que uma bela tabuleta os fará vender uma fazenda extra de tecido, não a deixem exposta à noite.

.... 5 ....

O costume de possuir carteiras com segredo é muito bom. Mas o ladrão leva embora a carteira.

.... 6 ....

Antes da revolução, as lojas da Pont Neuf eram cobiçadas pelos varejistas de objetos mais raros. Já que a Pont Neuf era o único ponto de travessia central, os negociantes dali faziam rapidamente fortuna. O aluguel dessas lojinhas era de cem luíses e pertencia à Academia[41].

A vigilância de suas diminutas torres era realizada, à noite, por um destacamento de guardas franceses que se instalava no meio da ponte; e os negociantes, certos de que um olhar vigilante zelava pelas fechaduras de suas lojas durante toda a noite, e de que postes de qualidade iluminavam a ponte, iam embora para suas casas, depois de terem fechado com cuidado seus estabelecimentos. Os mais prudentes faziam com que seus aprendizes dormissem em seu comércio.

Certa noite, um gatuno apresenta-se ao destacamento, pede ao chefe que lhe empreste um lampião para que ele possa abrir sua loja e o ajude a abastecer um carro que está de saída para uma feira no interior. O chefe encarrega dois guardas, que ajudam na abertura da loja e dos balcões e a embalar as mercadorias.

No dia seguinte, descobre-se a verdade; e esse roubo continua sendo um exemplo da ousadia dos arrombadores antes da revolução.

7

Uma mulher que sai de um espetáculo, em meio a uma grande multidão e pronta para dirigir-se a um baile, deve tomar cuidado com os diamantes em suas orelhas.

Para corroborar esse aforismo, citamos o exemplo de uma nobre dama cujo brinco foi arrancado por um gatuno, com um sangue-frio incrível. Quando ela gritou, os diamantes já estavam longe, e o ladrão, impassível, ofereceu-se para

---

[41] Referência irônica à Académie Française, equivalente à Academia Brasileira de Letras. (N. do T.)

fazer-lhe um curativo na orelha, reclamando da polícia, que não agia a contento.

Para nós, trata-se de um assalto com arrombamento.

O gatuno que cuidava da dama e interessou-se por seu bem-estar, era, supostamente, o conde de... Ele se ofereceu para encontrar o brinco; e, para facilitar suas buscas, tomou emprestado o brinco restante.

8

Na Inglaterra, é punido com longo tempo na prisão e uma pesada multa o beijo que um rapaz rouba de uma jovem menor de dezoito anos.

Não sabemos se os legisladores consideraram esse caso como um assalto; mas, na França, esse delito está fora do alcance das leis.

O último exemplo de aplicação da lei inglesa ocorreu em Londres, em 1824.

9

Eis a opinião do grande Frederico[42] sobre um arrombamento, para o qual, atualmente, novas penas estão sendo solicitadas.

Um soldado, vendo uma Madona adornada com belos diamantes, surrupia-os. Acusado, foi condenado à morte. Pede então para falar com o rei: seu desejo é concedido.
– Meu senhor – diz ele –, os católicos creem que a Santa Virgem pode fazer milagres, e é verdade, pois, ao entrar na igreja, a Madona acenou para mim, aproximei-me; então, ela me disse para pegar seus diamantes, pois eu era um bom soldado e encontrava-me desesperado.

---

[42] Frederico II (1712-1786), rei da Prússia entre 1740 e 1786. (N. do T.)

Frederico II reúne alguns doutores para descobrir se a Santíssima Virgem tinha a faculdade de fazer milagres. Obtendo uma resposta afirmativa, concedeu então seu perdão absoluto ao soldado. Mas uma ordem do dia advertiu suas tropas para que não aceitassem nada da Santa Virgem ou de outros santos, sob pena de morte.

.........10.........

O assalto mais terrível de que nos lembramos é o do duque de Anjou, que, com a morte de Carlos V, mandou interrogar Savoisy; e, depois de confissões arrancadas por tortura, arrombou os cofres lacrados nas muralhas do castelo de Melun e roubou os dezessete milhões acumulados por Carlos, o Sábio, seu irmão. Hoje, esses dezessete milhões valeriam vinte vezes mais.

.........11.........

Um dos maiores feitos dos arrombadores aconteceu recentemente no Boulevard Montmartre, em frente ao Théâtre des Variétés: eles fizeram a mudança de uma loja de roupas, sob os olhares dos policiais que estavam de vigia diante do teatro.

.........12.........

Nas viagens em carruagens, às vezes, durante a noite, um homem sobe no carro e arromba as malas, os pacotes, etc.

1º Um homem honesto leva o mínimo possível de pacotes quando viaja.

2º (ver o item 15 do Título I, Capítulo I, sobre aqueles que cochilam nos carros).

3º Quando levamos malas muito grandes, devemos despachá-las com bastante antecedência, por uma transportadora que garanta seu valor.

As empresas das carruagens também oferecem o mesmo serviço: mas alguma vez chega-se a um acordo quanto ao valor? Cada parte não alega sempre ter perdido em demasia? Essas empresas responsabilizam-se na teoria, mas nunca na prática, pelos objetos que os viajantes carregam consigo.

13

Os roubos no interior das casas são quase sempre cometidos por meio de um arrombamento.

Sobre esse assunto, releia os itens 1, 4, 8, 9, 11 e, especialmente, o item 19 do Capítulo II, Título I, a respeito dos criados.

Eles podem ser mais ou menos cúmplices desses roubos.

14

Muitas pessoas honradas colocam uma barra de ferro na porta de seus apartamentos, atravessando-a, no lado de dentro, por toda a largura. É um bom método; mas nunca devemos fazer as coisas pela metade; deve-se, então, bloquear as janelas da mesma maneira, ou mandar instalar venezianas duplas de metal.

15

Um avarento bastante distinto nos revelou que sempre deveríamos instalar uma armadilha nas chaminés sem se preocupar com esse gasto tão útil, porque é surpreendente que os ladrões ainda não tenham pensado em entrar nas casas pelas chaminés.

Sendo essa observação muito sábia, nós a registramos para beneficiar as pessoas honradas que mantêm dinheiro em suas casas.

A armadilha ainda tem a vantagem de acabar com o temor de um incêndio por causa da lareira, além da multa de cinquenta francos que se aplica nesses casos.

....
16
....

Nada é mais útil do que manter uma luz acesa em suas acomodações durante toda a noite.

....
17
....

Não podemos citar outros aforismos ou exemplos, nem relatar anedotas sobre os roubos consideráveis cometidos pelas prostitutas.

Basta saber que, em Paris, há trinta mil delas!... Santo Deus! Trinta mil!...

RESUMO DO LIVRO PRIMEIRO

As pessoas honestas, horrorizadas com esse quadro moral, sem dúvida gritarão: – Ai, meu Deus! Que antro! Quais são as medidas que o governo toma contra tamanho perigo? Na verdade, vinte mil golpistas, dez mil ladrõezinhos, cinco mil assaltantes e trinta mil moças honestas vivendo da propriedade alheia perfazem uma massa de setenta a oitenta mil pessoas, algo ligeiramente difícil de administrar!... E quais são os recursos de todas essas criaturas? Como se aposentam? O que acontece com elas?...

São perguntas justas e legítimas; e você tem ainda mais razão para se assustar, já que só leu um quarto deste livro tão moral, tão instrutivo, aparentemente tão leve, mas, na realidade, tão profundo! Ah! Você verá muito mais coisas; e, depois de terminar, concordará que os ladrõezinhos e as pessoas adequadas a esse ofício do Título II, que os arrombadores do Título III, e as mulheres sem uma boa reputação não são o que você mais deve temer: quanto mais se sobe a escala social, mais sutis são os meios de adquirir a propriedade alheia.

Como resposta às suas perguntas, vamos relatar-lhes o destino de alguns desses profissionais, de quem nos despedimos.

Se Paris tem uma população de oitocentas mil almas, sendo o número de ladrõezinhos de cerca de oitenta mil, há evidentemente um patife a cada dez pessoas honestas, uma mulher de moral duvidosa a cada dez mulheres honestas.

Você refletirá a esse respeito, trata-se de um assunto de infindável desconfiança. Em primeiro lugar, lembre-se de que a morte causa estragos assustadores sobre essa classe ignorada, seus costumes, seus hábitos, as doenças de que são vítimas, a falta de alimentação saudável, a falta de cuidados, o abuso de bebidas alcoólicas e tantos outros vícios exasperam e consomem incessantemente essa casta de párias: a morte assola-os. Tais pessoas, assim como as elegantes damas da sociedade – pois os extremos se tocam –, vivem um ano em um dia.

Além disso, a polícia parisiense tem uma necessidade contínua de agentes secretos que conheçam bem os truques dos ladrões, suas evasivas; para que possam compreender seu tom, sua postura, sua linguagem; ela necessita de assassinos profissionais, que tenham uma espécie de conhecimento dessa vida, para sair, descobrir e juntar-se aos ladrões de estradas, para desempenhar papéis de todos os tipos, em todas as circunstâncias. Esse exército, cujo general é o sr. Vidocq[43], pode ser considerado o Invalides[44] dos ladrões.

Lá estão eles, em uma esfera que lhes agrada; permanecem como novos Janos[45], honestos de um lado, malandros do outro, às vezes exercendo seu antigo ofício e imunes à justiça.

Esses agentes desconhecidos formam ainda um mundo à parte, que ninguém além do próprio sr. Vidocq – se publicar suas memórias – será capaz de descrever.

---

43 Eugène-François Vidocq (1775-1857) foi um ladrão francês preso inúmeras vezes em Paris que, tendo conseguido escapar da prisão em todas as suas condenações, foi convidado pela polícia a formar um destacamento de ex-condenados para combater os crimes na capital francesa. Depois de alguns anos trabalhando para a força policial parisiense, ele escreve suas memórias e passa a ser considerado o pai do romance policial na França. (N. do T.)

44 Referência ao Hôtel des Invalides, local de acolhida dos inválidos que serviram no exército real, construído em 1670 a mando do rei Luís XIV. (N. do T.)

45 Jano é o deus romano das mudanças e transições. (N. do T.)

Esse mundo é um dos principais paraísos dos ladrões, aquele que eles mais cobiçam.

E isso não é tudo. Os políticos não inventaram as prisões, as casas de detenção, etc., pelo prazer de aplicar os artigos do Código, e podemos incluir as galés e o encarceramento entre os pritaneus dos ladrõezinhos.

Sob o reinado de Carlos VI, veio para a França um certo cardeal Vinchester, que mandou construir um magnífico castelo perto de Paris. Você não consegue ver que relação pode existir entre um cardeal inglês e os gatunos? Pois bem, mesmo assim não deixa de ser verdade que acabaram roubando-lhe o castelo, transformando-o em uma de suas casas de campo; Bicêtre (uma corruptela de Vinchester) é um reservatório onde quatro mil mendigos ainda vivem como peixes em plena água.

Você já deve ter visto aquelas pobres infelizes que vendem bilhetes de loteria que, com um gancho admirável, recolhem trapos velhos; aqueles homens que, trajando preto, podemos contratar para chorar nos funerais; e, por fim, os catadores, os vasculhadores de córregos, os varredores, homens e mulheres que vendem frutas apodrecendo, graxa de sapato, que anunciam os desfiles, que correm as ruas sobre pernas de pau, tocam corneta, vendem água-de-colônia, praticam o charlatanismo em praça pública, engolem espadas, guardam lugar no meio das multidões, vendendo-os aos amantes dos espetáculos populares.

Se já os viu, teve a coragem de questioná-los, de buscar em suas mentes tenebrosas a verdade? Provavelmente, teria descoberto que a morte rápida, Bicêtre, a polícia, as prisões, os trabalhos forçados e as terríveis profissões que você desconhece formam a verdadeira caixa de amortização que bombeia, por mil canais secretos, esse terrível exército de cem mil patifes: mas assim é a constituição da sociedade, assim é o vigor da miséria e a fraqueza da opulência, que o infortúnio toma emprestado cem mil indivíduos – dos oitocentos mil que compõem a população parisiense – para entregá-los à infelicidade. Nenhum sistema de governo pode evitar essa terrível flutuação, e o único estado que conseguiu tal feito foi, há muito tempo, a Holanda, por meio de um intenso comércio.

Você estremeceria ao questionar uma mulher com os olhos cheios de ranhuras, um rosto horrendo, vestida com trapos que mal lhe cobrem o corpo, respingados de lama. Seus pés tocam o chão tanto quanto o que resta da sola de seus sapatos, sua risada é infernal, seus cabelos grisalhos caem em longas mechas, sua voz é rouca, as mãos escurecidas.

Ela já teve seus dias áureos, era uma das belas mulheres de Paris, esse pé já foi delicado, calçado de seda, repousava sobre o manto, tinha uma esplêndida carruagem, comia com talheres de prata dourada, conversava com príncipes, seu sorriso custava caro, seus dentes atraíam beijos, sua cabeleira era esvoaçante e sua voz era divina, ela tinha criados, desdenhava os pratos mais delicados.

Agora, ela bebe aguardente! Querer descrever as nuances imperceptíveis que a fizeram cair seria como escrever um livro inteiro, e que livro!...

Não muito longe dessa mulher, você verá um varredor tão bem ilustrado por Charlet[46] que seria loucura tentar descrevê-lo: esse varredor era um *fashionable*, um dândi, um homem elegante em sua juventude, ele já percorreu a toda velocidade, sobre as rodas de uma elegante carruagem, as ruas que agora varre, e seu olhar contempla um coche como os olhos de um condenado diante do paraíso.

É doloroso forçar um homem honesto, um homem decente, pessoas de bom-tom, mulheres elegantes a observar essas cenas; mas

---

[46] Nicolas-Toussaint Charlet (1792-1845) foi um pintor e gravurista francês. (N. do T.)

elas têm certa utilidade. É a estopa que se queima no advento do santo padre... *Sic transit gloria mundi*. O que significa: "Pense no futuro".

Há pessoas incapazes de imaginar que a menos de dez mil quilômetros de distância há selvagens; e não veem aqueles que os cercam, com quem se acotovelam no seio de Paris.

LIVRO SEGUNDO

DAS
CONTRIBUIÇÕES
VOLUNTÁRIAS
FORÇADAS
ANGARIADAS
PELAS PESSOAS
MUNDANAS
NOS SALÕES

Talvez as classes honestas fiquem irritadas ao verem-se em oposição aos profissionais que figuram no Livro Primeiro. Que crime abominável compará-las de tal forma, usando-as como nuances para passar da plebe aos grandes ladrões dos Livros III e IV! É um erro imperdoável! Mas não é necessário inspecionar a todos? E já que os reis absolutos e seus empréstimos, os governos constitucionais e suas dívidas intermináveis serão examinados como no dia do Juízo Final, não vemos por que as pessoas corretas não seriam analisadas aos olhos da opinião pública.

Este livro é, portanto, inteiramente dedicado a esses ofícios de bom-tom que, embora muito em uso na sociedade, não são menos traiçoeiros para o bolso. Essas belas maneiras de tirar seu dinheiro, por mais graciosas, gentis e leais que possam ser, se tornam tão perigosas para seu patrimônio quanto as infames manobras descritas no Livro Primeiro. Quer você seja morto por um sórdido golpe de cajado ou por uma manobra de esgrima, muito civilizada, muito polida, a morte é a mesma!

É tão difícil classificar esses impostos indiretos, cobrados por gente de bem, que acabamos por expô-los sem nenhuma nomenclatura. Na verdade, essa roubalheira de bom-tom é indefinível; trata-se de fluido que escapa à análise.

É uma má ação? Não. É uma fraude? Não, muito menos um roubo; mas é perfeitamente inabalável... Cada investida que lhe é dirigida é, como tudo que se faz na França, amparada por tudo que há de mais sedutor em termos de estratégia, polidez e humanidade; caso contrário, seria algo ridículo, e o ridículo é tudo que tememos; mas o apelo à sua bolsa tem sempre uma forma tal que a consciência violada protesta sorrindo.

Por fim, esse ofício, tão difícil de classificar e definir, encontra-se de tal forma no limite que separa o justo do injusto que os mais hábeis casuístas não podem classificá-lo nem de um lado nem do outro.

Ao colocar esses mestiços no Livro II, nós os situamos entre os grandes ofícios e os ladrõezinhos; trata-se de um terreno neutro que convém a essas pessoas honradas, e essa classificação é uma verdadeira homenagem aos costumes franceses e à superioridade da boa companhia.

Um homem honesto deve estar sempre em alerta, pois os camaleões cujas cores e formas tentaremos captar apresentam-se sob seu melhor aspecto. São amigos, parentes e até, o que é sagrado em Paris, *conhecidos*.

Os atores desses pequenos dramas atingem diretamente o coração, ferem a sensibilidade, os sentidos, tornam o amor-próprio cruelmente perplexo e acabam sempre por derrotar as resoluções mais heroicas.

Para proteger-se dessa chuva de pedidos legítimos, lembre-se sempre de que o egoísmo tornou-se uma paixão, uma virtude nos homens; que poucas almas estão isentas dele, e que pode-se apostar cem contra um de que você é vítima, você e sua carteira, de suas belas invenções, dessas euforias de generosidade, dessas conspirações honestas, às quais tendemos a pagar tributo.

Lembre-se sempre desta expressiva frase de um pensador desconhecido: "Meu amigo, não existem amigos".

Aqui, não temos nenhum tipo a oferecer; cada parágrafo mostrará um retrato realista, uma nova fisionomia, e o leitor poderá reconhecer nele muitas das misérias cotidianas da vida.

1

Seu criado entra assustado. – Senhor, estão aqui duas senhoras, uma é condessa, a outra é marquesa; querem falar com o senhor.

— São jovens?
— Bastante jovens.
— Belas?
— Sim, senhor.
— Mande-as entrar.

Seu rosto adquire um ar agradável, você se olha no espelho, passa os dedos pelos cabelos, trazendo alguns cachos para as têmporas, enfim, você assume uma postura... Aquela postura, sabe?... Infeliz, você reúne ideias leves, não pensa em dinheiro, em dinheiro vivo, naquelas moedas redondas afligidas por tantas doenças: orçamentos, amigos, jogos de azar, doações; não, você não pensa em nada disso.

Elas entraram, são jovens, belas, nobres, encantadoras; além disso, seus sapatinhos estão gastos. De repente, seu rosto torna-se frio; você assume um ar severo, descontente, você não ousa mais olhar para essas damas.

Ah! Você viu a bolsa de veludo vermelho com borlas de ouro, e ouve a frase conhecida há dez anos:

— Senhor, vossa humanidade, vossa bondade fazem com que esperemos que nossa visita, em favor dos seminários de jovens, não seja infrutífera...

Essas damas estendem-lhe a bolsa, um terrível argumento *ad hominem*47. Por meio de seu tom suplicante, elas lhe mostram que estão acostumadas a comandar.

Há quem se defenda dizendo que o clero ficou rico, enquanto eles são pobres... Péssima estratégia!

Há católicos que ousam declarar-se protestantes, e isso para economizar cem tostões! Mentir por tão pouco é mais do que um pecado.

---

47 "Contra a pessoa", em latim. (N. do T.)

Depois de haver consultado vários casuístas, certificamo-nos de que a frase que vamos transcrever não tem nada de condenável; é o porto onde muitas pessoas honestas se refugiam; e impede que as caridosas damas retornem. Sem nenhum espanto, deve-se responder: – Senhoras, fico lisonjeado que um motivo tão honrado tenha concedido-me saudá-las; mas pertenço a outra comunhão e vocês devem imaginar que também temos nossos pobres.

Comunhão

Essa palavra, comunhão, significa diocese, paróquia, assembleia de fiéis, assim como significa a confissão de Augsburgo, protestantismo, etc.

Tendo essa declaração sido dada por respeitáveis jesuítas, que acreditam que, para mais segurança, uma pequena restrição mental deve ser feita, podemos segui-la; ela nos tira honradamente de um difícil negócio, especialmente se formos extremamente educados com as duas damas.

........................2........................

Quando você ganhar no jogo, tome cuidado para que ninguém saiba. Se lhe perguntarem formalmente "Está ganhando?", abrigue-se em uma daquelas frases que não dizem nada.

Não há sempre um amigo íntimo por perto que perde todo o seu dinheiro? E nos indenizam com tanta lentidão, tanta dificuldade: a memória é tão curta e a vida tão longa.

Eis algumas respostas comuns:

Não consigo nada;

Não perco nem ganho;

Estou como se tivesse acabado de começar.

Há quem tenha o cuidado de dizer "Estou perdendo". Esse estratagema só deve ser usado com algum desses homens imorais, os verdadeiros sanguessugas de uma carteira elegante.

Muitos sábios contentam-se em fazer uma careta, um muxoxo, deixando o devedor em dúvida. Nós tendemos a indicar o franzir da testa: nunca compromete e pode significar qualquer coisa.

3

Aqui temos praticamente uma extensão do item anterior.

Caro jovem, que está dando seus primeiros passos no mundo, quando se trata de jogos, lembre-se do princípio que tentamos gravar em sua memória.

Quando você chegar a um salão onde sua velha tia, seu respeitável avô ou seu tio (você conhece o típico tio velho de peruca que só fala do Parlamento Maupeou, onde ele era conselheiro, e do exílio que sofreu em Pontoise[48]?), quando, dizia eu, algum de seus parentes apresenta-o em um salão, para lançá-lo na sociedade, talvez você veja uma fileira de ilustres senhores e senhoras de idade.

Não ria, você estaria perdido; faça-lhes mil cortesias, especialmente para as velhinhas; concorde com elas, seja galante e louve o ano de 1750, pois é preciso lembrar que elas têm filhas de quarenta anos e netas de dezoito. Então, um belo dia, você ficará surpreso ao ouvir em todos os lugares que é um rapaz muito adorável.

Se quiserem fazê-lo jogar, tome cuidado para não aceitar, responda que não conhece nenhum jogo: e diga-o sorrindo.

---

[48] O Parlamento Maupeou (também conhecido como Triunvirato de Maupeou) foi um governo do Antigo Regime francês, entre 1771 e 1774, que chegou ao poder após um golpe orquestrado por René de Maupeou (1714-1792). (N. do T.)

Lembre-se:

1º De que todas essas velharias são do Antigo Regime, sob o qual não se tinha nenhum receio de trapacear no jogo;

2º De que elas conhecem jogos como o *boston*, o *wisth*, o reverso, assim como nós conhecemos o baralho, e você perderia sem parar;

3º De que você lhes proporcionaria uma renda de cinco ou dez francos por semana e, no dia em que aprendesse o jogo, não seria mais considerado um rapaz adorável.

Isso é muito importante: as velhas senhoras passam seu tempo falando, e são elas que fazem nossa reputação.

······· 4 ·······

Se você é conhecido por ser rico, sempre terá dificuldade em evitar uma parenta sua, que descrevemos abaixo:

Ela tem uma idade incerta e, sem ter grande fortuna, sonha com a caridade. Por falta de casaco, teria dado sabe-se lá o que aos pobres.

Ela sempre conhece um homem ou uma mulher pobre.

Se for uma mulher pobre: ela tem filhos para alimentar e não possui nada; acabou de dar à luz num palheiro; ou está doente e não tem o suficiente nem mesmo para um caldo, etc.

Se for um homem: ele viu sua fazenda incendiar-se; caiu do topo de um andaime; é pai de dois, três, quatro, cinco e, às vezes, seis crianças, e não tem nenhum tostão.

Ao contar a história, ela acrescenta: – Já consegui duzentos francos para eles na família e entre meus conhecidos, etc.

Ela nunca lhe dirá quanto doou; mas vai implorar que você aumente o tesouro de seus necessitados.

Lembre-se de que a verdadeira caridade é silenciosa e velada: dá diretamente, sem fazer barulho, sem dizer nada, e enrubesce ao ser reconhecida.

Portanto, faça com que a parenta se retire. Isso é muito

difícil, já que os parentes mais velhos são refinados, já viveram bastante e sua língua é perigosa.

Há um método a seguir. Quando chegar a bondosa parenta, demonstre grande amizade por ela, convença-a de que seu dinheiro está à disposição dela, ofereça-lhe um belo jantar (todas as velhas senhoras são gulosas), trate bem dela; e, quando você se recusar a ajudar seu protegido, já terá garantido muito bem sua benevolência entre o reconhecimento do estômago e o medo de ofender um parente tão amável, e talvez ela não ouse usar a voz contra você.

Se a parenta for impertinente, desagradável, pare de vê-la aos poucos; vá para o campo com frequência; mande dizer que saiu; mas, quando a encontrar, finja sempre desespero: – Ah! Minha boa tia, como estou feliz em vê-la! Mas a senhora nunca vem nos visitar.

5

Quanto aos parentes pobres, há uma conduta a seguir, e trata-se da armadilha do gênero. Você tem de escolher entre a reputação de um coração duro ou de um homem caridoso.

6

Recuse, se possível, a tutela de órfãos desafortunados que não pertencem à sua família.

No entanto, ajudar de longe, socorrer um órfão sem se dar a conhecer, tornar-se uma espécie de deus para ele, conduzi-lo na vida, salvá-lo do infortúnio é um prazer que podemos nos oferecer como qualquer outro.

7

Um chapéu novo custa uma quantia considerável em

comparação com o preço de um chapéu velho; registraremos aqui um aforismo que Cícero não poderia formular de outra maneira:

"Nunca vá a um baile com um bom chapéu, nem mesmo na casa de ministros."

Em 1817, um porteiro do Ministério do Interior respondeu a um homem honesto que, por volta de uma hora da manhã, pedia-lhe seu chapéu, dizendo: – Senhor, um chapéu completamente novo... Chapéus novíssimos! Senhor, passa das onze horas, esse tipo de chapéu já não existe mais.

Foi essa confusão de chapéus que fez surgir a moda, por um tempo, de segurá-los na mão: esse costume precioso caiu em desuso. Em 1824, ainda havia pensionistas que mantinham o costume.

8

Quando você tiver terras ao redor de Paris para vender, verá chegar compradores, principalmente aos domingos; você lhes oferecerá o almoço, eles vão dar vinte voltas ao redor da propriedade, do terreno, visitarão a fazenda, etc., e nunca mais voltarão.

Aqui está o procedimento a seguir para não desperdiçar uma refeição:

1º Não receba ninguém sem recomendação do tabelião: essa é a precaução principal.

2º Se você se esquecer dessa cláusula, mostre a propriedade ao comprador antes do almoço.

Se ele ficar satisfeito com tudo, se ele anda mais do que examina, se admira suas árvores, suas plantações, acha tudo ótimo, até mesmo o preço, que não está tão alto, pode ter certeza de que não se trata de um comprador; não o convide para almoçar.

9

Nunca se relacione com presidentes ou vice-presidentes de sociedades beneficentes, fundos econômicos, associações para os indigentes, fundos de socorro, sociedades de ajuda a prisioneiros, etc.

Um jovem de boa família é trancafiado na prisão de Sainte-Pélagie. Um amigo vai ver o credor, um homem rico. Esse amigo, pela posição que ocupa na sociedade, afasta todas as suspeitas de indiscrição; ele fala calorosamente:

– Como o senhor, um homem rico, foi capaz de mandar meu jovem amigo para a prisão; o senhor, presidente de uma associação beneficente, tira proveito de uma lei bárbara que apenas atinge os desafortunados, e nunca os criminosos?

O tranquilo e feliz comerciante ouvia esse discurso sorrindo. – Senhor – diz ele –, seu amigo não ficará na prisão mais do que três dias e acabarei pago.

– Mas ele é órfão e não tem amigos ricos o suficiente para...

Outro sorriso do comerciante.

– O senhor não percebeu que eu mandei prendê-lo na véspera da assembleia do comitê?

– De que comitê?

– O da libertação dos prisioneiros. Um de meus colegas pagará as dívidas de seu amigo e, na primeira oportunidade, retribuirei-lhe o favor.

Ab uno disce omnes[49]*!*

10

O SENHOR FULANO DE TAL

Um homem muito amável e conhecido na sociedade viu-se,

---

[49] "Conhecer um é conhecê-los todos", em latim. Frase célebre da *Eneida*, de Virgílio (canto II, versos 65-6). (N. do T.)

aos quarenta anos, quase sem fortuna. Sempre o vemos bem vestido, elegante, encantador; é o senhor Fulano de Tal. Ele soube conquistar uma ótima posição; eis como: Você, pai de família, rico e dono de uma casa de campo, tem uma filha para casar; ele lhe oferece um genro. Esse genro é um rapaz charmoso, que tem uma bela posição, uma família honrada, um nome.

O senhor Fulano de Tal vem jantar cinco ou seis vezes para falar-lhe, ele passa as noites, ganha no jogo, avalia sua fortuna, pergunta sobre o dote.

Consulta-se a srta. Pamela. Não poderia querer algo melhor. Gosta, em especial, desse bondoso senhor Fulano de Tal, que se ocupa dos casamentos dos jovens.

Na verdade, nenhum assunto é mais sério, e a entrevista acontece no teatro: você acha que o jovem não poderia ser melhor (frase consagrada). O senhor Fulano de Tal está encantado: ele mesmo lhe trará o jovem: ele cumpre tudo que prometeu. O casamento está caminhando bem: recolhem-se as informações: Pamela está apaixonada e o jovem vem sempre com seu amigo senhor Fulano de Tal para a casa de campo do futuro sogro.

Depois de um certo tempo, determinado pelo senhor Fulano de Tal, o jovem é forçado a se casar com uma jovem muito rica e feia, de quem ela não gosta. O senhor Fulano de Tal fica desesperado; o pretendente é pressionado por seu pai, e então discorre em reclamações contra a tirania dos pais: mas ele já tem outra pessoa em vista.

Não conhecemos ninguém que não tenha sido enganado pelo senhor Fulano de Tal; fomos os únicos que percebemos esse pequeno negócio de jantares amistosos, de lucrativos jogos de cartas. Essa profissão está oculta sob formas muitíssimo agradáveis, sob a amabilidade mais agradável; e o senhor Fulano de Tal é realmente um homem amável.

O senhor Fulano de Tal só tem a pagar seu aluguel, seu sapateiro, o alfaiate, e olhe lá... Ele é tão ordenado!

Ele teve a oportunidade de negociar bons casamentos inúmeras vezes; e, então, com que cuidado proclama sua intervenção; gaba-se de quão felizes essas famílias são: é um tema frequente em suas conversas; volta a ele todo o tempo.

O senhor Fulano de Tal é amado e estimado; talvez se irrite conosco, mas não o nomeamos; isso é que é generosidade.

Tudo isso também se aplica à senhora Fulana de Tal.

11

Regra geral, com poucas exceções: nunca faça assinaturas. De livros, gravuras, música, nada.

1º Quando a assinatura é encerrada, você sempre paga mais barato pela obra do que os assinantes.

2º A melhor empresa, com mais suporte, pode falir.

12

Nunca vá em seu próprio carro até os comerciantes, a menos que esteja chovendo: nesse caso, desça a alguns passos do comércio.

13

O axioma geral, que não é passível de nenhuma observação, é o seguinte: "Em qualquer empresa, nunca seja um simples acionista. Deve-se sempre ter o direito de sentar-se à mesa de negociações junto com os diretores e administradores, pois essa mesa representa uma refeição da qual você pode partilhar, como em um menu fixo".

Armado com esse axioma como de um telescópio, você descobrirá a origem de uma série de fortunas ilegítimas. Se vai seguir o axioma, é uma questão de consciência.

14

Não se meta em uma poupança conjunta sem coração de bronze, estômago de ferro, pulmões de metal, cérebro de mármore, pernas de cervo e, ainda assim!, mande forrar seus chapéus com metal grosseiro, porque uma telha pode lhe quebrar a cabeça.

15

Não ambicione ser coronel ou capitão da Guarda Nacional: essa honra custar-lhe-ia pelo menos mil e duzentos francos por ano em uniformes, refeições com a corporação para festejar qualquer ocasião menor, sem contar os almoços e jantares fora de casa durante os dias de guarda, os presentes e os soldos para a fanfarra, etc.

Também é sábio evitar o imposto de reservista.

Pode-se fazê-lo mudando de endereço todos os anos, depois de comunicar ao estado-maior que está de partida para a América, pois, neste caso, manter sua campanha não teria nenhuma utilidade.

Pode-se também deixar de comparecer, provando através de um procurador que já tem a idade exigida para deixar de fazer parte dessa guarda imortal, exibindo a certidão de nascimento do senhor seu pai.

16

À noite, em um sarau, se ganhar no jogo, mesmo que seja na casa de um homem honrado; ou de manhã, em sua casa no dia seguinte ao recebimento de sua renda; enfim, sempre que você tiver dinheiro e quando não está preocupado com sua carteira.

Um conhecido amável, até mesmo um amigo, uma daquelas pessoas a quem nada recusamos, pois conhecem nossa situação; mas, na maioria das vezes, uma dama muito amável, simpática e espirituosa, lhe contará os infortúnios de um homem da sociedade:

– Sim – dizem eles, comovidos. – Fulano está na miséria! Tenho tanta pena dele. Ah! Era um homem muito valente e digno: não merecia tal destino.

Nesse instante, você concorda com um aceno. Na verdade, que risco está correndo? Você não percebe nada de sinistro para seu bolso.

– É dever de todas as pessoas honestas socorrê-lo...

Quem não aplaudiria essa máxima cristã tão comovente, tão bela e banal, que significa exatamente o contrário?

– Enfim – acrescentam –, não sei como isso aconteceu, mas seu infortúnio é tal que o pobre-diabo não tem um escudo sequer.

Aí você começa a suspeitar de alguma armadilha: tem pressentimentos salutares.

Então você diz qualquer coisa, e é sempre a coisa mais insignificante em que pode pensar. Finalmente, para escapar, finge que está procurando um conhecido pelo salão.

É tarde demais, já o dominaram, olham-no bem e acrescentam: – Ele foi obrigado a vender:

– Um belo Elzevir[50] – se for um homem de letras;

– Um quadro – se for um pintor;

– Um belo móvel – se for um banqueiro;

---

[50] Livro confeccionado pela família Elzevir, formada por impressores, editores e livreiros holandeses dos séculos XVI e XVII. (N. do T.)

– Uma bela porcelana – se for um jornalista;

– Um serviço de jantar – se for um artista dramático;

– Anéis – se for um senhor desprestigiado.

E note que sempre há circunstâncias interessantes: o autor teve sucesso; o pintor já esteve em Roma; o banqueiro é um tolo que não teve coragem de abrir falência; o senhor foi alguém importante. – Você deveria – dizem eles com um tom sentimental – ficar com alguns bilhetes: o preço é tão módico! Para você, é uma bagatela! Vai sair ganhando, tudo está praticamente comprado.

– Poderia vê-lo? – diz você friamente, pois ainda espera sair dessa enrascada.

Você segura o bilhete, vira-o, revira-o. Todos ainda olham para você: há tanta gente presente... Impossível devolvê-lo.

Quando se chega ao ponto de permitir que lhe ofereçam os bilhetes de rifa, deve-se agir com grandeza; considerar que é seu dever ajudar; ficar apenas com um bilhete, mas com um ar de felicidade; pois deve-se lembrar que, na armadilha em que se deixou prender, há outras oitenta e nove pessoas que perderão com você cinco francos, dez francos, um napoleão, dois, três, às vezes dez.

Mas, para o futuro, lembre-se:

1º De que o objeto prometido está aumentado em três vezes seu valor;

2º De que muitas vezes não são vendidos bilhetes suficientes para a realização do sorteio;

3º De que o dono sempre fica com metade dos bilhetes, e que ele tem quarenta e cinco chances contra uma sua;

4º De que você nunca viu a pessoa que está ajudando;

5º De que ela tampouco nunca o viu;

6º Portanto, não há reconhecimento, nem prazer a esperar.

Conhecemos um compositor cujo piano foi rifado sete vezes. Ele ganha mil e oitocentos francos por ano com esse estratagema. Mas restam-lhe apenas três bairros de Paris a explorar.

Para garantir as rifas, há apenas um meio. Você precisa ter bastante conhecimento do sistema de Lavater e, de acordo com os rostos, as inflexões de voz, os gestos, adivinhar do que se trata a uma légua de distância.

............17............

Anedota

Conhecemos um homem honesto, que tomaremos como modelo, um verdadeiro tipo de homem prudente.

Ele lutara habilmente contra quaisquer ataques que os patifes, os governos, pessoas decentes e da sociedade, pudessem fazer contra sua carteira.

Para começar, decidiu morrer solteiro. E morreu!... E nós o seguimos, ele no carro fúnebre dos pobres, coberto por um lençol branco. Não era inocente, no entanto. Ah, não!

Toda a sua fortuna fora investida em belas hipotecas. Dessa maneira, ele conseguira acumular cento e sessenta mil libras de renda anual.

Assim, ele se livrava de impostos sobre propriedade, empréstimos compulsórios, convocações para a guerra, subvenções, contribuições, etc.

Havia assegurado toda a sua vida.

Ele morava no hotel mais bonito de Paris, ocupando um apartamento magnificamente mobiliado.

Não pagava, por isso, impostos prediais, pessoal, etc., estava isento da Guarda Nacional e do alojamento de tropas.

Não tinha criados.

Combinara com uma locadora de carruagens para ter sempre um carro e um lacaio à disposição.

Participava das melhores refeições da cidade e não precisava retribuí-las, por ser solteiro.

Jantava nos mais célebres restaurantes, logo estava livre dos parasitas.

Se teve filhos, jamais o incomodaram, assim como suas respectivas mães, e nunca teve de se levantar à noite para cuidar deles.

Chegou sob sete palmos de terra sem ter gasto um tostão que não fosse para seu prazer; poderia se comparar ao *justum et tenacem51* de Horácio.

Teve liberdade ilimitada por toda a sua vida, sem freios, sem grilhões, e viveu feliz como deveria quando se desfruta de todos os benefícios da sociedade, sem carregar nenhum de seus fardos.

18

Jamais tenha a tola ambição de ocupar funções públicas; e, dentre todas essas honrarias, fuja da prefeitura, especialmente de suas filiais regionais.

1º O comissário em viagem vem à sua casa, é preciso hospedá-lo: no dia seguinte, ele já esqueceu seu nome.

2º Na época do sorteio para o recrutamento, durante três dias você terá de receber o subcomandante. Um subcomandante é ainda pior que seu superior.

3º Por fim, seu distrito não terá processos em via de finalização, mas caminhos a começar; e qualquer probleminha o levará a Paris ou à filial regional: graças ao sistema de centralização! E então, corre-corre, viagens, jantares e estadias longe de casa, sem contar as dores de cabeça.

---

51 "Justo e tenaz", em latim. Fragmento de um verso do poeta latino Horácio (65 a.C.-8 a.C.) relativo ao "varão justo e firme que veria desabar o mundo sem trepidar" (Odes, III, 3, 1). (N. do T.)

4º Você fará inimigos; e o prazer de ser o César da comunidade não é capaz de compensar nem sequer esse único inconveniente.

De acordo com uma estimativa honesta de todas as despesas da posição, os custos chegam a mil e duzentos francos: o dote de uma moça honesta.

19

Se dois amigos passam pela Pont des Arts, sempre há um que perde um tostão. Nunca brigue para ver quem vai encontrá-lo.

20

Desconfie dos autores que desejam dedicar-lhe um livro.

Desconfie também do autor que lhe envia seu livro sem colocar uma nota: *Prova de amizade*. A palavra homenagem chega a ser duvidosa: ela não exclui totalmente o pagamento do livro.

21

Um bom costume é aquele que inúmeras pessoas honradas têm: o de se ausentar por um mês no dia 30 de dezembro: são filósofos que julgam as coisas de forma saudável.

22

Seja padrinho apenas de seus filhos.

Se lhe propuserem um afilhado, ou até mesmo uma bela comadre, responda, imperturbável, que já que a religião considera um padrinho como o responsável, aos olhos de Deus, pela alma do afilhado – tornando-se, assim, seu filho espiritual –, você prometeu a si mesmo que nunca assumiria tal responsabilidade.

Essa frase está repleta de dignidade, conhecimento, nobreza, prudência.

O menor dos batismos custa cem escudos a um homem honrado, sem contar o afilhado.

Sabemos, porém, que existem circunstâncias em que somos forçados a sermos padrinhos; mas essa é uma extensão extraconjugal do princípio que propusemos no início.

23

Evite casar-se sem dote; mas tema ainda mais casar-se com toda uma família.

24

Muitas pessoas honradas habituaram-se a sair de casa sem dinheiro: esses sábios são como os velhos soldados de nossos antepassados que, cobertos com uma cota de malha, temiam apenas os golpes de punhal.

25

Nas festas de Corpus Christi, caminhe rápido, por causa das mil capelinhas construídas pelas crianças.

Elas têm uma voz tão doce;

Elas são tão bonitas;

Tão bem vestidas;

E as menininhas!... As flores... Ah!...

Você não se livraria por menos de cem tostões.

26

Quando você tiver um cavalo para vender, tome cuidado: virá vê-lo um rapaz de botas, esporas, chicote na mão;

ele leva seu cavalo. Não fique impaciente, ele o trará de volta depois de três horas.
Percebeu nele um grande defeito; mas, a essa hora, ele já passava do Bois de Boulogne.

27

Depois da tolice que se comete com um casamento sem dote, o mais cruel consiste em fazer todas essas contribuições patrióticas por meio de donativos, ofertas, doações monárquicas e nacionalistas do Texas, do Champ-d'Asile[52], estátuas por erigir, palmas de ouro e espadas ao senhor general Fulano de Tal.
Tudo isso sobreviverá sem você.
Quando um homem faz o bem, não lhe resta seu coração?

28

Por mais que elogiem com pompas e circunstâncias um impresso nas ruas, nunca compre um, nem mesmo por um tostão: você vai ler no jornal da tarde o que está ali escrito, tomando uma xícara de café com seu amigo.

29

Anedota

Da arte de conseguir uma posição por meio de fraude e, ao mesmo tempo, vingar-se da baixeza de seu protetor, o que é o mais difícil de conseguir, deixaremos o fato seguinte registrado, que escapou ao autor de "A arte de obter cargos".

---

52 Champ d'Asile foi um assentamento francês no estado norte-americano do Texas que declarou independência em março de 1817, mas foi abandonado apenas três meses depois. (N. do T.)

Em 1815, durante a demissão em massa de uma multidão de funcionários, no momento em que estavam na moda caixas cheias de notas, oferecidas como tabaco, um rapaz, cheio de talento, despedido injustamente, saiu para passear nos lugares frequentados por essas belas parisienses que não sabem recusar nada nos dias de pagar o aluguel.

Ele examina tais damas com a curiosidade de um mercador de escravos e, finalmente, encontra um modelo de beleza, de graça: belo sorriso, lábios rosados, pele intocada, dentes brancos; era feita à perfeição. Ele oferece uma quantia bastante razoável e leva a jovem para sua casa. Ela deveria passar por sua esposa por cerca de quinze dias.

Ele enfeita essa esposa emprestada, ensina-lhe seu papel e vai à audiência de um poderoso protetor, general russo, ou prussiano?...

– Senhor, esta é minha esposa! – exclamou ele.

– Ah! É a senhora...

Oito dias depois, havia conquistado seu posto, à custa de muito esforço. E o general? Ah, pobre general, não falemos disso.

Rogamos aos protetores que desconfiem dos protegidos, tanto quanto os protegidos desconfiam deles.

30

Quando você estiver em sociedade, seja especialmente cauteloso com papéis com espaço para colocar seu nome, que lhe são entregues.

Trata-se sempre de uma promessa de oferta de um luís, dez francos, etc., para um concerto ou outra invenção semelhante. Quando a receita é garantida, sempre se apresentam artistas que tocam mal e, frequentemente, uma vez angariado o dinheiro, o concerto ou a reunião não acontecem.

Basta dizer que, nesse dia, você vai para o campo. Não há propriedade que possa render mais do que a casa de campo que você não possui.

31

– Não, senhora, meus meios não me permitem...
– Não, meu amigo, não sou assim tão rico...
Frases que você precisa ter coragem de dizer algumas vezes, mas com firmeza.

Elas evitam uma noitada desprovida de prazer, uma compra ridícula, uma série de coisas que não trazem nem honra nem lucro.

32

Regra geral: "Nunca deixe que saibam o montante verdadeiro de sua fortuna". Medite sobre este axioma.

33

Tolice, tapeação, deslize é dar dinheiro para ver de antemão o que se verá publicamente algum tempo depois, como quadros, afrescos de capelas, tetos pintados, cúpulas, ensaios e objetos de arte.

34

Todos os anos há alguma invenção nova em Paris que acaba por mover dinheiro de um bolso para outro, de forma voluntária e sem esforço. Lembre-se de que o zodíaco de Dandara[53] era uma pedra negra que pode-se ver gratuitamente no museu; de que o fóssil humano também

---

53 Pedra preciosa encontrada na cidade egípcia de Dandara, que lhe deu o nome. (N. do T.)

é uma pedra, e que sua existência seria simplesmente um fato para as ciências naturais, dizendo respeito somente ao sr. Cuvier[54]; de que a tumba de um rei egípcio é facilmente conhecida abrindo-se um volume sobre a antiguidade na biblioteca real; de que uma múmia, um leão de mármore antigo, em suma, todas essas exposições são invenções perversas que devem ser evitadas com todo cuidado.

Só devemos ir ver o que nos der prazer; um dançarino famoso, um ator, uma debutante, uma festa, etc.

35

Quando você imprime um livro pela primeira vez, se permitir que o sujeito que traz suas provas perceba como você está lisonjeado ao ler seus pensamentos impressos com nitidez, ele sabe que será recompensado. Bom; a armadilha não está aí. Certa manhã, ele virá até sua casa completamente limpo, todo engraçadinho e bastante gentil para pedir-lhe algo em nome dos tipógrafos. A festa de seu patrão durará o mesmo tempo que levar para a impressão de sua obra.

36

Se, por acaso, você é nadador e frequenta escolas de natação:

1º Não se afogue;

2º Nunca leve nada valioso consigo. As cabines são seguras? – Sim, é fato conhecido. – Os frequentadores são pessoas honestas. – Mais um motivo.

Certifique-se de fazer um traje de natação, assim como um chapéu de baile e uma roupa de jogo.

---

54 Georges Cuvier (1769-1832) foi um naturalista e zoologista francês, considerado o fundador da paleontologia. (N. do T.)

37

Se você possuir alguma joia preciosa, nunca a mostre para um grande número de pessoas.

O abade Desmonceaux, oculista das filhas de Luís XVI, mostrava uma tabaqueira que acabara de ser-lhe oferecida pelo rei da Suécia. – Eram todos senhores de bem – ele nos disse; o que não impediu que, depois de ter circulado por todo o salão, fosse impossível reencontrá-la.

38

Entre a palavra de honra de um advogado e a de uma atriz, não hesite: acredite na atriz.

39

Desconfie das mulheres gordas: elas são muito sutis em seus caprichos.

40

Nunca faça um depósito em mãos humanas, nem mesmo em um banco.

Se você for forçado a colocar seu dinheiro nas mãos de alguém, escolha uma atriz ou um homem de profissão e consciência simples, como transportadores, carvoeiros, carregadores de água, vendedores de frutas, etc.

Há duas Fés, a fé de Ninon e a fé púnica: e os cartagineses ainda são bem numerosos!

41

Em geral, mantenha consigo suas moedas de ouro e cinco francos por mais tempo possível, sem trocá-las. A experiência ditou esse preceito. Na verdade, observe que uma moeda de cem tostões ainda é respeitável; pensamos duas vezes antes de gastá-la: é um esforço de resistência. O dinheiro escorre, escapa imperceptivelmente de nossos dedos.

42

Um amigo de faculdade na desgraça é um tonel das Danaides[55].

43

Desconfie sempre das novas invenções como: óleos de Macassar, pós de barbear, cremes rejuvenescedores, frascos virginais, roupas de mergulho, cafeteiras, coisas que cabem em uma bengala, guarda-chuvas que se guardam em uma capa de metal, camas embutidas na parede, fornos econômicos cuja instalação custa mais do que cem fornos, chaminés de cem escudos que esquentam sem lenha, fuzis, mármores artificiais, botas sem costura, etc. Em geral, tudo que é chamado de econômico é uma invenção cara ou pouco prática.

Há um agricultor corajoso e honesto, em algum canto do mundo, que inventou uma ferramenta há alguns anos para evitar que a videira afunde, por meio de uma incisão anular. Esse bom homem corrige com eficácia esse sério inconveniente que faz perder colheitas preciosas; mas ele não percebeu que, até que tal circuncisão da videira fosse feita em culturas de 250 ou 260 ares, as uvas tinham o tempo de amadurecer, tal era o número de empregados trabalhando nelas.

---

[55] O mito grego das Danaides – as cinquenta filhas do rei Danau – conta que elas, depois de matarem seus maridos, filhos do rei do Egito, logo após o casamento, foram condenadas a encher um tonel de água com um furo no fundo, símbolo de um esforço inútil e infindável. (N. do T.)

Essa invenção, muito engenhosa e admirável, é boa para quem tem cinquenta ou cem ares de videiras, mas inútil para o resto dos agricultores. Esse exemplo, entre milhares de outros, chamou nossa atenção.

Portanto, essas invenções são de fato o mais terrível imposto que já cobramos dos honrados burgueses. Que não nos acusem aqui de querer sufocar a indústria; aplaudiremos com todas as forças as invenções realmente úteis; mas não vamos parar de denunciar o charlatanismo:

Espere até que a opinião pública e um uso prolongado consagrem as novas invenções, então poderá se beneficiar de suas vantagens, pela soma de dez, vinte, trinta ou quarenta francos.

44

Você é filho: será pai, a menos que...

Você é filho... Lembra-se então de uma certa bolsa, que estava guardada em um lugar específico, lembra-se?... O senhor seu pai nunca ligava para ela e, de vez em quando, você a esvaziava com tranquilidade. Naquela época, você dizia para si mesmo: – Ah! Nem se nota! – E depois, mais uma vez: – Meu pai deve-me lições de ordem, economia, boa administração; ponho-o à prova e percebo que ele não tem nem memória, nem atenção, defeitos essenciais em um chefe de família. Deus está me usando para castigá-lo...

Indiretamente, você estava dando uma lição em si mesmo, se hoje é pai. Portanto, esse item está aqui inserido apenas como... Um lembrete.

45

Nunca se atreva a oferecer o braço a mulheres que você conhece para ir ao teatro, etc.

Pode chover.
No entanto, se uma dama mostra-lhe alguma estima, três francos gastos com o carro tornam-se uma economia.

46

Um velho solteirão deve ter apenas um cupê, e sem assento suplementar.
Coitado dele se comprar um sedã ou um landau! Quantas mulheres ele vai ter de levar para casa! E... Três viúvas em uma carruagem é pior do que um roubo!

47

Entre mulheres, há roubos cometidos de forma espantosa.
Como o número de mulheres honestas é igual ao de pessoas honestas, nós as aconselhamos que, no amor, sejam discretas e econômicas.

48

Se sua mulher o convencer de que, com os cem luíses que você lhe deu, ela conseguiu comprar uma roupa de cinco mil francos...
E se, depois de examiná-la bem, a roupa valer ainda mais: você foi roubado, mas sem arrombamento.

49

Pobre menino inocente! Ele tem dez anos: não conhece o mundo, os homens, as mulheres!... Era filho único.
Lá vai ele, pulando, contente da vida mastigando balas e bombons: está tão feliz quanto uma atriz que é aplaudida. Houve um batismo na casa e o padrinho de sua irmã

deu-lhe, com os doces, uma bela espadinha. Ele ama esse bondoso padrinho.

Aos vinte e cinco anos, ele será roubado; no entanto, quantas coisas lhe foram dadas!

Um primogênito pode ser roubado assim duas, três vezes. As leis nunca punem esses terríveis roubos.

Você, pobre criança, não havia nada que pudesse fazer a respeito, e o senhor seu pai menos ainda.

Tudo que lhe resta é amar muito sua linda irmãzinha.

.......50.......

Por isso, no passado, sábia decisão, colocavam-se as moças em um convento.

.......51.......

Se um de seus parentes estiver no comércio, nunca compre nada deles.

1º Você não ousaria pechinchar e nunca poderia culpá-lo por atendê-lo mal;

2º Se ele souber que você é rico, não lhe dará crédito, e você perderá um ano de juros sobre seu capital;

3º Ele o enganará com mais facilidade do que os outros.

Isso também se aplica aos *amigos íntimos*.

Lembre-se de que você deve sempre se considerar em guerra com seus fornecedores.

.......52.......

Há duas honradas classes de cidadãos franceses com quem não se deve fazer contratos levianamente: os normandos e os gascões.

53

Você é médico, advogado, tabelião, etc., enfim, uma figura pública; então, lembre-se bem disto:

Quando você vir um homem que ocupou ou ainda ocupa uma posição de destaque na sociedade – e este homem (esse item também se aplica às mulheres) ou esta dama, por sua posição, demonstra certa altivez, orgulho, arrogância, insolência ao tratar com você, que não é nobre, ou que, por sua respeitável profissão, está abaixo dele ou dela, que não faz nada, ou cuja ociosidade é garantida por suas benesses – e você vê este homem ou essa mulher, ao entrar em sua casa, esquecer-se de seu orgulho e querer conversar com você sobre negócios...

Lembre-se de que há sempre uma armadilha aí...

Ela entra, senta-se; você a conhece, fica lisonjeado com sua visita. Seu tom é meio humilde, meio altivo. Reconhecemos essa estranha polidez da alta sociedade, essas maneiras distintas... Você é colocado em um clima de decência e tom elevado que o obriga a manter uma expressão agradável. A visita se prolonga.

Subitamente, você é chamado para algum compromisso em seu escritório.

– Oh! Meu Deus! – diz ela com um sorriso cortês e um leve aceno da cabeça – Vá, meu senhor, eu esperarei.

Que o terror invada sua alma: isso significa que lhe pedirão dinheiro emprestado, uma grande soma que você nunca mais verá.

Ao retornar, receberá uma proposta tal que terá dificuldade em recusar.

Nossos ancestrais tinham usos e costumes que parecem bizarros à primeira vista; mas não deixa de ser verdade que a pequena grade colocada na porta de entrada, através da qual o dono da casa reconhecia os recém-chegados nos tempos tumultuados, tinha uma utilidade bastante real, e evitava muitos disparates.

A pequena grade ainda existe em algumas cidades do interior.

Atualmente, em Paris, as pessoas que têm credores instalam um pequeno vitrô em suas portas para descobrir que tipo de homem toca sua campainha.

Esses honráveis recursos não existem mais. Nenhum proprietário tem criados suficientemente inteligentes para prever esse tipo de golpe.

Portanto, a única garantia que resta é um profundo conhecimento do sistema Lavater, e uma grande habilidade.

Você acaba de comprar uma casa de campo;

Você investiu seu capital;

Você tem de fazer um pagamento;

Você acaba de pedir falência, etc. Um homem perspicaz julga se o honrado mendigo, se o nobre postulante a um empréstimo passa apenas por um constrangimento momentâneo.

Empreste então, com uma expressão radiante, mas exija hipoteca e garantias e, sobretudo, apareça o mínimo possível até seu reembolso.

Se a condessa pede emprestado, por estar arruinada, tome seu pulso e veja se você pode deixar-se sangrar impunemente.

54

Você, mulher, amável, elegante, rica, tem uma amiga; ela também é amável, espirituosa, boa, rica.

Nunca emprestem caxemira, vestido ou joias uma à outra.

Sabemos que não há nenhuma intenção; mas, certa noite você empresta um xale à sua boa amiga para que ela possa usá-lo como um turbante, ao estilo grego ou judeu.

No dia seguinte, sua criada devolverá a caxemira em oito pedaços; pois o cabeleireiro, que não sabia até que ponto ia *sua cumplicidade*, cortou-o sem piedade.

55

Quando aparece um artigo de poucas páginas, muito interessante, lembre-se de que Delaunay, livreiro do Palais-Royal, tem-no em suas estantes e que, para popularizar-se, recortou-o para que você pudesse lê-lo à vontade.

56

Há novos cafés muito bonitos, assim como mudanças de ministério; é você quem vai pagar tudo isso.

57

Cuidado com os Saint-George, que só o provocam para depois levá-lo a um duelo e fazê-lo pagar-lhes um almoço de quarenta ou cinquenta francos.

58

Quando você passeia por Paris com um cabriolé alugado, e o condutor é o dono do cavalo, pode ter certeza de que você ouvirá suas reclamações a respeito do alto preço da aveia, e sobre todos os seus problemas. Ele só perde dinheiro nessa profissão; é melhor fazer parte de uma companhia de aluguel, etc.

Mas, se o condutor não é o proprietário, tudo muda de figura:

Os patrões exigem uma comissão exorbitante.

Ele, pobre-diabo, tem mulher e filhos, e mal consegue alimentá-los.

É a primeira vez que ele arranja um cliente hoje.
É um ex-militar.
Em resumo, você sempre lhe dará mais dinheiro do que àquele que não diz nada.

Conhecemos um homem muito distinto que seguia a receita da mesma forma que teria feito o Shylock[56], de Shakespeare.

59

Quando você vai ao teatro, nunca aceite o troco que lhe entregam sem antes examiná-lo bem.

Faça o mesmo quando for ao *Trésor*[57].

Às vezes, recebemos moedas falsas.

Mas examine com ainda mais atenção os rolinhos de papel etiquetados: moedas de um franco, dois francos, etc.

60

Um grande entusiasmo que todas as crianças experimentam todos os anos, quando estão em um internato, é o que se segue:

O aniversário do honrado professor está chegando; todos combinam de festejá-lo. Perguntam à sua esposa que móvel, ou prataria, agradaria ao mestre como presente.

– Não, meus filhos – ela diz, muito confusa –, não, não lhes direi nada: no ano passado, vocês lhe ofereceram uma dúzia de talheres e sabem como ele ficou chateado; ele quase não lhes deixou sair da sala; não, não lhe deem nada.

---

56 Shylock é um personagem da peça shakespeariana "O Mercador de Veneza", um agiota judeu que empresta dinheiro a seu rival cristão, Antônio, colocando como garantia meio quilo da carne do devedor. (N. do T.)
57 Banco público francês. (N. do T.)

É o mesmo que dizer o contrário: todos contribuem, riem de quem dá pouco: mais sorte terá o que mais atormentar pai e mãe; tiram até mesmo de seus poucos prazeres. Ah! Que idade inocente! Com que boa-fé as crianças enganam a si mesmas! Oferecem-lhe uma sopeira. O professor se irrita, repreende-os, e sua modéstia mostra-se em toda a sua glória. Ele permite que saiam com severidade, e promete punir no ano seguinte quem repetir tal escândalo. Mais dez anos e sua baixela estará completa. – São crianças tão boas!... – diz ele à esposa. Depois, para cada pai em particular, ele garante por um tempo que seu filho faz muitos progressos, que promete bastante, que é um belo cidadão!

61

Curso de italiano em vinte e quatro lições; curso de mnemônica em doze sessões; aulas de música em trinta e duas aulas; escrita aprendida em dez lições, etc.

Não cometeremos o abuso de comentar esses charlatanismos.

Isso também se aplica aos retratos feitos em duas sessões por um luís.

62

Em Londres, consultas de todos os tipos são muito caras, e o menor dos conselhos é considerado uma consulta. O famoso advogado Driadust passava pela rua Alls quando um comerciante, mostrando-lhe um xelim, perguntou-lhe se não era falso. – É autêntico – disse o doutor, colocando-o no bolso –, da próxima vez, você me dará o que falta.

Portanto, quando você for para a Inglaterra, se conversar com um médico ou advogado, nunca termine sua frase com um ponto de interrogação.

63

Não é apenas sua carteira que você tem de proteger: também podem tirar-lhe sua reputação.

Usando seu crédito ou seu nome, os patifes, em vias de pedir falência, podem oferecer-lhe um bom negócio, com ganhos garantidos: querem seu nome e sua reputação intocada para atrair os ingênuos. Você, jovem puro e inocente, ou você, homem honesto experiente, nunca suspeitaria que homens honrados, bem vestidos, eloquentes, que vêm buscá-lo em uma bela carruagem, que levam-no a um belo hotel e oferecem-lhe um jantar suntuoso, possam ser uns patifes.

Mas assim é. Melhor perder alguns escudos do que arriscar esse cristal puro que chamamos de reputação.

64

Um parasita que não é alegre, que não sabe de nada, que reclama da comida, está roubando-o.

65

Quantos maridos não hesitam em devorar a propriedade de suas esposas!... Ou de seus filhos. Quantas mulheres esbanjadoras e levianas!

Deveriam casar todas as mulheres com separação de bens; o que não impede que se façam testamentos.

A mulher que deu tudo ao seu marido cometeu uma grande tolice.

Há afetação tanto nas boas ações quanto no amor.

66

O que diria você desses banqueiros da Alemanha que, com uma boa-fé teutônica, enviam-nos séries de números para as rifas das terras de Engelthal, Newhy, Sigmaringen, Hohenligen, etc. Devemos ser considerados tão crédulos quanto os alemães! Certamente esperamos que nenhum de nossos leitores tenha gasto sequer uma moeda de vinte francos.

67

Comprar arbustos, flores e plantas no mercado das flores é uma tolice altiva e cruel que se comete diariamente: quantas roseiras não se veem morrendo nas janelas, envenenadas pela cal usada no fundo dos vasos. Os burgueses de Paris, os comerciantes da rua Saint-Denis são incorrigíveis!...

68

Ter uma casa de campo perto de Paris é o mesmo que colocar uma espiga de trigo na terra no momento em que os pássaros estão alimentando seus filhotes. Por isso, distancie-se pelo menos cem quilômetros da capital, ou não compre uma casa de campo.

69

Há pessoas perdulárias e corruptoras de toda moral que, não se contentando em dilapidar sua herança, ainda revoltam-se querendo dissipar a dos outros. Desmoralizam a classe honesta dos trabalhadores e trabalhadoras e, com sua insana generosidade, estragam uma parte útil da nação: acostumam-na a novas necessidades e, assim, preparam as revoluções, em vez de diminuir as desigualdades.

Um dos hábitos mais perversos desses jovens consiste em doar moedas de vinte, trinta, quarenta e cem tostões aos trabalhadores e trabalhadoras que lhes trazem – a mando de seus patrões – pares de botas, trajes, roupas de cama, chapéus, móveis, etc.; tanto que um burguês honrado é vilipendiado quando, por um favor equivalente, concede uma gorjeta modesta e adequada.

Repetimos, no interesse dos bons costumes, que os fornecedores devem entregar suas mercadorias já pagas de antemão; e corromper o comércio dessa forma é um crime.

70

Há pouco a ser dito contra os médicos; não cabe aos vivos reclamar deles; no entanto, também eles têm algumas formas de gerar lucro para os boticários. Repare que, todos os anos, têm um produto favorito: certa vez, era o sagu; em outra, a araruta: comia-se tudo com araruta ou sagu. A araruta destronou o sagu: mas, com Walter Scott, veio o líquen islandês, depois, as sanguessugas locais combinadas com a água do Sena; por fim, o laxante, etc.; e sempre esses ótimos remédios custam mais quando estão na moda; e, a bem saber, são como essas reimpressões que nossos autores fazem, acabando por colocar em nossas mãos algo que já conhecemos. Dê uma olhada nos sumários.

71

Nunca diga onde está seu testamento, nem o que ele contém.

Velhos solteirões, tios sem filhos, velhas que acumulam cada centavo como garantia, pessoas honestas e ricas, etc., a todos, presentes e por vir, atenção: avisamos-lhe com esses itens que você nunca deve guardar um testamento em sua casa; e que, regra geral, devemos sempre apresentá-lo a um tabelião: essa é a atitude mais sábia e segura.

72

Não importa com que pessoas você estiver, quando ao redor da mesa de carteado houver muita gente e você tiver apostado, não tire os olhos do dinheiro e esteja sempre presente no instante do pagamento; sem fazer isso, não importa quanto você apostou de ambos os lados, nem sempre você será capaz de receber seu dinheiro após aquela dezena de mãos que se adiantam à hora da partilha.

73

Existem pessoas que se divertem pegando e escondendo seu dinheiro, outras brincam com joias, fazendo piadas de mau gosto. Às vezes acontece do dinheiro, ou do objeto precioso, se perder por alguma circunstância fortuita, e o mais ridículo embaraço, as mais odiosas suspeitas insinuam-se na alma de cada pessoa. Ou o dinheiro escorrega para dentro de uma bota, ou o brinco fica escondido nos babados de um vestido de gala, sob uma almofada, e acabamos admirados pelos caprichos de uma divindade, à qual atribuímos muitas coisas: O ACASO.

Regra geral, nunca brinque com coisas preciosas: além do mais, essa brincadeira não é de bom-tom; sempre gera alguma situação desagradável; sem falar que o acaso, às vezes, faz com que você perca seu dinheiro assim.

CAPÍTULO À PARTE
Dos apelos feitos à sua carteira na casa do Senhor

Reunimos aqui tudo relacionado aos impostos involuntários cobrados dos fiéis em um só capítulo.

Teremos de meditar a respeito cada vez mais, pois é com os funcionários da Fábrica que o nosso amor-próprio tem os maiores combates a travar. Eles provocam uma luta entre nossa autoestima e o dinheiro e, quase sempre, o último sucumbe.

Antes de tudo, faremos plena justiça ao clero francês, pois, em nenhuma época, seus costumes foram mais puros, suas riquezas menores e sua influência mais desejável, a fim de trazer de volta a *idade de ouro*.

Além disso, não são os padres que combatem nas batalhas diárias contra as carteiras cristãs, mas o que se chama indevidamente de baixo clero, a saber:

Um acólito, um sacristão, a guarda suíça, os coroinhas, etc. Mas, acima de tudo, um poder secular chamado Fábrica, que quer dizer a administração das receitas da Igreja. E como a igreja pode dar lucro? Ela tem outro produto além das almas? Sim, claro; e você vai ver:

Agora, é a seu respeito.

Ou você vai regularmente à igreja, ou não.

Se você vai:

Todos os domingos, fazem-se três coletas, às vezes, quatro.

Para começar, a Fábrica aluga as cadeiras de um empresário. É uma despesa de trinta francos por ano para os verdadeiros fiéis.

Todas as outras Comunhões tiveram o cuidado de tornar seus templos acessíveis a todos, e não de pavimentá-los com taxas cotidianas. Esse é um ponto no qual todos os estrangeiros insistem sobre a França, e que manchou o culto da Igreja da Gália. Registramos tal observação porque o clero francês é generoso, a França é educada, e as carteiras, escassas.

Se você for à missa, mande trazer sua própria cadeira; não há nenhuma vergonha nisso. As damas do século XI eram acompanhadas por um pajem que levava-lhes sua almofada de veludo. Hoje, temos tanto amor-próprio que seria uma moda fácil de pegar: dessa forma, mostraríamos que temos criados.

Primeira coleta

– Para os pobres, por favor! – Em seguida, três golpes da alabarda[58] oficial ecoam no pavimento da igreja; e um sacristão estende-lhe um gorro pontudo, de cabeça para baixo.

A doação é voluntária, sabemos disso; mas como tudo é calculado! Você está no meio de uma assembleia; pede-se pelos pobres; você só dará o que quiser; tudo o leva à caridade; a mulher que aluga as cadeiras preocupou-se em dar-lhe o troco em moedas de grande valor; sua vizinha já jogou sua oferta no gorro pontifício: você vale muito mais que essa vizinha!

Como conclusão, nos referiremos ao item 3 deste livro.

Segunda coleta

– Pelos custos do culto! – E mais uma vez a alabarda e o gorro.

Cole no seu missal o artigo do orçamento destinado aos cultos do reino; e fortaleça sua coragem ao ver essa lista eclesiástica de vinte milhões, sem contar outras despesas.

---

58 Lança de ferro com ponta em formato de espigão. (N. do T.)

Terceira coleta

Às vezes, pede-se pelos pequenos seminários.

Esse artigo confunde-se com o item nº 1 deste livro.

Aqueles que têm o honroso costume de nunca dar nada são fortalecidos pelas seguintes observações:

– Venho à igreja para orar.
– Um verdadeiro cristão permanece absorto em sua oração.
– Nada é mais vil do que o ouro e a prata.
– Ensinam-nos a não nos apegarmos ao dinheiro.
– Portanto, não podemos pensar em dinheiro, com Deus em mente.

Por fim, esses sábios pensamentos valem cerca de cinquenta e sete francos por ano, a saber:

54 domingos a 0,75 40,50
17 dias santos a 1,00 17,00
Total 57,50

Se você não vai habitualmente à igreja:

Você é um mau cristão; mas, mesmo nessa hipótese, há quatro casos em que você necessariamente terá de ir.

Batismo. Você é uma criança, pagamos por você. Veja o item 22, que trata dos padrinhos.

A primeira comunhão. Você é um adulto; e, como você não conhece o mundo, ainda são seus pais que pagam.

O casamento. O dia das núpcias é cheio de perigos, surpresas e armadilhas. Como pode o noivo recusar dinheiro nesse dia único em que tem e não tem uma esposa!

Ora, do altar do santo mais modesto ao altar da Virgem, tudo tem um preço:
Somos casados pelo abade,
ou por um vigário,
ou por um padre.
Há um grande manto,
um manto magnífico,
um manto comum,
um manto modesto,
e o manto ordinário dos mártires.

Pode-se ter um casamento feliz casando-se às oito horas da manhã, indo à igreja a pé, vestido como sempre, abençoado por um bom padre, sob o manto ordinário dos mártires, no altar de um santo que nem mesmo tem um quadro em sua capela.

Quando for à sacristia conversar com o vigário sobre as despesas do seu casamento, com o coração contrito e humilde, não se assuste com o sorriso de desdém que se repetirá sobre todos os rostos como um eco.

Diga, e isso será contado a seu favor algum dia, diga: – Padre, nos foi recomendado humildade, sou humilde, modesto.

Se você tem um título, insista que é seu sogro quem exige tal simplicidade; mas certifique-se de que ele não esteja por perto.

Se comentarem que o que lhe pedem é para maior glória de Deus, responda que "a glória de Deus resplandece nos corações puros e nas intenções nobres".

Sabemos muito bem que você está se sentindo oprimido nessa sacristia; mas, saindo da igreja, como é fácil respirar! Quão consolador é o volume de sua carteira! Pelo mesmo motivo, dê pouco dinheiro para os círios, não deixe que os passantes vejam uma moeda de ouro brilhar em suas mãos, é melhor distribuí-la aos pobres.

Você planejou tudo, pagou tudo. Cercado por sua nova família, chega à igreja, assina o contrato de felicidade ou de infortúnio; chega então a guarda suíça; vêm pedir-lhe, diante de toda a assembleia, luvas brancas e fitas da mesma cor.

Você nunca pensou nesse guarda, ele está triunfante! Se não usar as luvas brancas, que mau agouro! Além disso, toda a família está ali, sua noiva o observa. – Trate de arranjá-las!... – Essa é a resposta desastrosa.

O tal guarda terá o cuidado de se apresentar com um par de luvas brancas deslumbrantes. Você vai pagar por essa candura imaculada; e, no momento em que você estiver com sua carteira, o acólito, os coroinhas e o sacristão cairão sobre você. Todo mundo terá um legítimo pedido a fazer. Se você, por infelicidade, for lento, os pobres virão correndo!...

Portanto, trate de dar ao guarda e aos pobres o mínimo possível; de repente, o guarda se virará. – *Quos ego*[59]!... – Você não verá nenhum mendigo.

Depois de sua retirada, o guarda vai colocar o par de luvas brancas de volta no armário, ao lado de sua irmã, o par de luvas negras. Dia e noite, a morte e a vida. Esses dois pares de luvas representam toda a nossa história. A cada vez que ele pega um ou outro par, esse venerável guarda dobra-o, acariciando cada luva com um cuidado paternal; relembra-se e conta ao acólito de quantas solenidades ele já participou: olha as luvas com satisfação.

Um guarda suíço aposentado, que nos forneceu esses dados,

---

[59] Locução latina que significa "eu deveria...", proferida em tom de ameaça por Netuno, irritado contra os ventos desencadeados no mar, na *Eneida*, de Virgílio (70 a.C.-19 a.C.). (N. do T.)

confessou nunca ter comprado mais de dois pares de luvas por trimestre e, ano após ano, recebera de oitocentos a novecentos francos.

Pense bem: quer você vá à igreja para se casar ou enterrar sua esposa, você nunca deve ser tomado pela vaidade ao ver o guarda suíço de luvas.

Essa observação também se aplica ao crepe da alabarda ou às fitas que a decoram, em ambos os casos.

Em relação aos enterros, as reflexões são muito mais abundantes, é preciso haver uma presença de espírito permanente. Se você estiver realmente aflito por sua condição de herdeiro, encarregue algum parente deserdado do cortejo e do velório: ele verá as coisas com mais sanidade.

A encomenda de um velório e de um cortejo é uma das grandes dificuldades do gênero.

O momento em que um de nossos amigos é o protagonista dessa terrível procissão horizontal – e sai de sua casa com os pés à frente – é tão curto, tão célere, esquecido tão rapidamente, que a maior simplicidade é sempre o que há de mais nobre.

A memória é mais tocante quando se refere a mil e setecentos, mil e oitocentos, dois mil, três mil, seis mil francos que, em vinte e quatro horas, desaparecerão junto com o defunto.

* * *

Os bons espíritos tendem a escolher o rabecão dos pobres.

Também nos inclinamos por esse carro modesto.

O carro fúnebre dos pobres, forrado com papel desenhado, apresentará as linhas mais puras, o memorial mais simples e eloquente. Ele impressiona. Nele, a morte é comovente e bela.

Muitos ricos o preferiram.

Alguns homens notáveis por seus talentos e sua força de caráter quiseram ser conduzidos dessa forma à sua última morada.

Os verdadeiros cristãos desejaram-no.

Em tudo, a simplicidade é a mais bela.

– Está vendo passar aquele carro funerário?

– É o mais barato.

* * *

Penas, lágrimas de prata, tochas, cavalos com selas decoradas, nada pode cobrir e apagar a morte; e esse momento de luxo e opulência, tomado emprestado da superintendência da rua du Pas-de-la-Mule, custa mil escudos.

* * *

Lembre-se de que sempre podemos afirmar que o defunto quis ser enterrado com simplicidade.

Quem sente falta de um amigo vai ao cemitério a pé, a não ser que chova. Se chover, sua ação fica ainda mais bela.

Carros fúnebres são muito caros.

Enfim, a verdadeira dor está no coração e não no andar lento e simétrico dos cavalos do cortejo.

* * *

O casamento e o enterro são duas ocasiões em que, com filosofia, religião e princípios, deve-se economizar bastante.

São as duas ocasiões em que as pessoas tentam lhe tirar mais dinheiro, porque as paixões não sabem fazer contas, já que em uma você está feliz e, na outra, triste. Ora, a tristeza e a alegria são as únicas afeições do homem: tudo se resume nelas.

Quando trouxerem-lhe o pão abençoado para que você o devolva no domingo seguinte, você pode facilmente isentar-se desse imposto religioso, ordenando ao seu porteiro que diga sempre ao guarda suíço e ao coroinha que você foi para o interior.

Esse sistema de desculpas é melhor do que o sistema Law.

Anedota

O presidente Rose, um acadêmico, era tão avaro quanto espiritual. Em janeiro de 1701, ele estava à beira da morte; e, vendo-se cercado de eclesiásticos que lhe prometiam as mais fervorosas orações pela salvação de sua alma, manda chamar sua esposa, que teve a presença de espírito de chorar, e diz-lhe: – Minha cara amiga, se esses senhores, no meu enterro, oferecerem-lhe orações para me tirar do purgatório, poupe-se dessa despesa; esperarei, cumprirei minha pena.

RESUMO DO LIVRO SEGUNDO

Como virou moda resumir tudo, tomamos a iniciativa de resumirmos nós mesmos cada um de nossos livros, para que não venha algum profissional literário e tire-nos o fruto de nosso trabalho.

Ora, vejam vocês, pessoas honestas de todos os tipos, não basta ter algo fresco para beber e ser feliz, é preciso também certa sutileza para viver bem.

Com este livro no bolso, você pode evitar todos os impostos que mencionamos nestes cerca de sessenta itens.

Calculamos a soma total dessas contribuições arrecadadas anualmente de muitos ricos incautos; eleva-se a doze mil francos *per capita*.

Você notará que é preciso muita prudência para economizar esses doze mil francos de renda, que, bem empregados, podem proporcionar muitos prazeres reais.

Mas há um obstáculo, uma pedra no caminho. Já podemos imaginar sua expressão severa, a testa franzida, o olhar penetrante, o falar exaltado, uma abordagem deselegante, desconfiando do sr. Pierre, do sr. Paul, odiando todos os humanos e zelando, como um sovina, pelo seu dinheiro.

Que vergonha!... Que vergonha!... Vou lhe contar, você está lançando a vela a todo vapor em direção ao recife, correndo o risco de ganhar a fama de ser avarento, duro; isso é terrível para um homem correto no século das sopas para os pobres, das associações caritativas e de órfãos, no momento em que o nome filantropo é um título concedido a qualquer tolo que oferece quinze tostões para uma sopa comunitária.

No entanto, admitiremos que existem várias pessoas distintas, nobres e sábias, que ainda preferem passar por mesquinhas e avarentas e obter a doce felicidade de fazer o bem em segredo. Até mesmo perceberam que, embora sejam tachadas de sovinas, as pessoas apenas lamentam seu próprio ridículo, pois há algo que está acima de todo o resto: tais pessoas são ricas; por isso, todos têm um certo respeito por elas, sentando-se com prazer à sua mesa, conferindo-lhes o título de honoráveis; e, como nunca falamos de ninguém a não ser pelas costas, elas têm a coragem de colocar-se acima de algo que o parisiense respeita, o que chamamos de: *o que vão dizer?*

Já que a expressão "o que vão dizer?" é algo com muita força na capital, sendo muito difícil de ser combatido, reservamos para este resumo a receita mais notável: não precisamos de, pelo menos, uma ou duas ideias para fazer um resumo?

Assim que você estiver determinado a defender sua carteira *unguibus et rostro*[60], estude a polidez francesa, adquira a mesma graça em suas maneiras, o mesmo encanto nas palavras, a galanteria típica dos olhares que envolvem uma recusa com um verniz sedutor. Aprenda as frases cheias de unção que, saturadas de *a honra de ser*, de *estou lisonjeado*, fazem com que digam a seu respeito: – Ele é um homem encantador!

Se, em Paris, disserem isso a seu respeito, nada tema. Um homem amável, hoje em dia, tornou-se o que nossos ancestrais chamavam de *a nata dos homens*. Ele apenas faz o que é bom, justo, honesto.

---

60 "Com as garras e com o bico", em latim. Expressão equivalente a "com unhas e dentes", em português. (N. do T.)

É verdade que é difícil chegar a esse ponto e conciliar tudo: no entanto, vimos várias pessoas em Paris que, consumindo sua renda com elas mesmas, ainda assim eram consideradas encantadoras. Ao encontrá-las, estude-as como um pintor estuda seu modelo.

Ao terminarmos este livro, uma dor apoderou-se de nós! Não precisamos dizer-lhe que existem, no entanto, impostos inevitáveis, exigências justas que não podem ser rejeitadas, a menos que você seja um bruto, um avaro. Já sancionamos e legalizamos, mais de uma vez, solicitações legítimas, como:

Os tostões para o varredor, que mantém limpo um trecho dos bulevares;

O tostão do porteiro, que, em um dia de tempestade, estende-lhe um abrigo prestativo e útil; esse honesto funcionário abomina os resfriados, ele gosta de você e cuida de sua saúde.

O avarento Chapelain, autor do épico *La Pucelle*[61], preferiu molhar os pés em um dia em que ia para a Académie: morreu disso.

Há também o salário dos artistas, que realizam grandes concertos ao ar livre, depois de estenderem um lenço para recolher suas doações; se você pode ouvi-los, pague, mas tome cuidado com seu relógio.

Se você levar uma dama ao espetáculo, a lanterninha, aquela moça tão boa e inteligente que, mediante uma retribuição, leva-os ao camarote reservado para vocês, e lhes traz um banquinho; ela quer que a dama mantenha os pés secos e fique confortável.

Um homem, abrindo a porta de seu carro, lhe dirá com voz estrondosa: – Senhor, chame sua gente[62]!... – Como não pagar por essas palavras, *sua gente*!...

---

61 Poema épico em 12 cantos que conta a história da heroína francesa Joana d'Arc. O termo *Pucelle d'Orléans* (literalmente "a virgem de Orleans") é sua alcunha. (N. do T.)
62 O autor, ao utilizar essa expressão, refere-se aos funcionários, à "criadagem". (N. do T.)

Se você for comer em um restaurante, bardos esfarrapados cantarão diante da porta: lembre-se de Homero! Existem, como estes, mil pequenos serviços que lhe são prestados, mesmo que você não queira.

Jamais evite a gorjeta dos cocheiros, dos garçons dos cafés e dos restaurantes, do anuário dos carteiros, alguns presentes merecidos de Ano-Novo, dos rapazes que cuidam dos banheiros públicos, a gorjeta de despedida dos criados da casa de campo, dos entregadores de encomendas, etc.

Nós conhecemos, no entanto, homens honrados que dispensam esses usos dispendiosos (veja a anedota do item 10), mas essas pequenas contribuições são legítimas; é apropriado submeter-se a elas de bom grado. Na verdade, deixe de pagar os criados alheios e verá se, em um baile, você conseguirá ser servido, beber um vinho ou saborear um sorvete, sobretudo na casa de ministros; lembre-se, então, que, no fim das contas, se o desperdício é uma enganação, a avazera é ridícula.

LIVRO TERCEIRO

OFÍCIOS PRIVILEGIADOS

CAPÍTULO 1
Do tabelião e do advogado ou tratado sobre o perigo que o dinheiro corre com os oficiais

Há certas classes da sociedade que o acaso transformou em riso: incluem-se nelas médicos, tabeliães, promotores, oficiais de justiça, normandos, gascões, etc. Essas classes nunca se ofendem e não contestam; porque ninguém consegue falar com a boca cheia. Os gascões, considerados os menos ricos, são, no entanto, os únicos que, há cem anos, participaram do governo da França. E, sem falar dos Épernon, dos Lauzun do passado, vemos que tanto a Convenção, o Império e a Realeza tiveram apenas gascões à frente dos negócios: podem provar o que digo os senhores Laîné, Ravez, Decazes, Villèle e Martignac. De todos os reis de Bonaparte, finalmente apenas um permaneceu! E também Bernadotte é gascão[63].

Todo esse preâmbulo é simplesmente o que chamamos de precaução oratória, para afastar de nós a suspeita de querer atacar a honra e a probidade dos senhores tabeliães, advogados, oficiais de justiça, etc. Sabemos perfeitamente bem que se, em princípio, admitimos fazer justiça a todos, tal justiça – que não vê absolutamente nada – precisa de oficiais, mas, como não há neste mundo um bem que não tenha como irmão um abuso, depois de ter fixado como axioma que um tabelião, um advogado, um

---

[63] O autor enumera diversas formas de governo pós-Revolução Francesa e certos políticos que dela participaram, todos da região da Gasconha, no sudoeste da França, à exceção dos dois primeiros citados. (N. do T.)

oficial de justiça são – dentre as invenções sociais, judiciais e políticas – a mais legítima e a mais benéfica, que nos seja permitido examinar os perigos decorrentes desses benefícios. A mandioca dá o pão aos africanos; mas, caso não se tire dela todo o leite, ela se transforma em veneno.

A boa-fé atingiu tal ponto de perfeição que mesmo um contrato bem elaborado e bem explicado às vezes não significa nada; e gostaríamos de viver sem os tabeliães, que são uma espécie de seguradora contra as incertezas da consciência; sem advogados, que, no sistema judiciário, desempenham o papel dos antigos patronos nos julgamentos em nome de Deus! Estes, na verdade, armavam os combatentes, arrumavam as couraças, verificavam se as espadas estavam bem afiadas e gritavam para o povo, cada um a um lado, que o combatente tinha razão. Que diabos! Sejamos justos e reconheçamos nesses dois tipos de oficiais uma instituição monárquica, uma antiguidade feudal.

Reconheçamos, em seguida, que mudanças notáveis e melhorias sensíveis foram aplicadas a essas duas categorias, e demos graças a essa perfectibilidade indefinida, em cuja direção nos esforçamos constantemente.

Antigamente, o que era um promotor, o que era um tabelião? Dois dos seres mais taciturnos do mundo, bastante desagradáveis ao olhar: o promotor estava sempre vestido de preto, com a clássica e enorme peruca, falando apenas dos negócios alheios, e em termos bárbaros, que feriam os ouvidos; sempre enterrados sob montes de papéis, os promotores vasculhavam os títulos, cobertos por uma poeira ridícula, e levavam tão a sério o interesse de um cliente que chegavam a morrer por ele; nunca frequentavam a sociedade, apenas andavam entre si; enfim, um procurador pródigo passava por um monstro, e qualquer um que tivesse a coragem de ir de carro até o Châtelet[64] seria tido como louco. Ao fim de cerca de cinquenta anos, passados no sacrifício da prática, eles retiravam-se para o campo, onde sua única alegria era ver passar grandes bandos de corvos, que lhes faziam lembrar do honrado corpo de procuradores nos grandes dias de assembleia. Acabamos por considerá-los como loucos pouco perigosos.

O advogado de hoje, muito pelo contrário, é um jovem amável, alegre e espirituoso, vestido como se deve em sua parada obrigatória no Tortoni[65]; ele frequenta bailes, festas, concertos; sua esposa, por meio de suas roupas, faz inveja a todas as damas da corte; nosso advogado desdenha tudo que não seja elegante, seu escritório é um *boudoir*, tem sua biblioteca na cabeça; brinca com as coisas mais sérias, e nossa alegre França tem isso de belo, a qualidade de levar-se tudo na brincadeira. "Vamos desapropriá-lo, vamos processá-lo", tudo isso é dito com a seriedade de um polichinelo. Os advogados andam de cabriolé, jogam carteado, os escreventes fazem comédias e, como dizem, nem por isso as coisas vão mal.

Os tabeliães resistiram por muito tempo à perfectibilidade; as ideias dessa corporação lutavam corajosamente contra as novas ideias; mas, finalmente, ela começou a atualizar-se ao novo século, e nada mais natural do que ver um tabelião, um médico, um advogado, um oficial de justiça e um juiz dançando no mesmo salão. Se Deus quisesse que ali também houvesse um ministro, poderíamos morrer em pleno baile, certos de ter as quatro faculdades ao nosso lado e poder fazer nosso testamento da maneira devida.

---

64 Referência ao Grand Châtelet de Paris, castelo às margens do Sena que chegou a abrigar uma prisão, demolido em 1802, por ordem de Napoleão, para dar lugar à Place du Châtelet. (N. do T.)
65 Referência ao Café Tortoni de Paris, que fazia enorme sucesso entre os membros da alta sociedade parisiense no século XIX, ditando modas e costumes. (N. do T.)

Ainda há tolos que imaginam que um advogado e um tabelião são pessoas cujo trabalho consiste, no primeiro caso, em ir ao Palácio de Justiça defender e auxiliar seus clientes, e encontrar armas sólidas nos códigos; e, no segundo, redigir e compreender as intenções dos contratantes; tudo isso era correto no século passado, quando as coisas tomavam uma forma ideal, quando cada estado era representado por uma somatória de obrigações a serem cumpridas; hoje, monetizamos tudo: já não se diz que o sr. Fulano de Tal foi nomeado procurador-geral, ele defenderá os interesses de sua província como La Chalotais[66]. Não, isso é um erro: o sr. Fulano de Tal acaba de conquistar uma bela posição, procurador-geral, o que equivale a um salário de vinte mil francos: gastou cem mil francos para ser nomeado; por isso, seu dinheiro foi investido a 20%.

Da mesma forma, ninguém se torna advogado ou tabelião para o exercício original da profissão; claro, eles vislumbram ir ao Palácio vez ou outra, ou fazer escrituras e inventários; mas o primeiro pensamento é o seguinte: "Comprando um cargo... Duzentos mil francos, considerando que ele renderá vinte mil francos, o dinheiro é investido a dez". Dessa forma, investir em um cartório é melhor do que investir em terras, melhor ser advogado do que comprar imóveis. Temos de admitir que, na França, novas riquezas foram criadas em substituição a ideias vazias. Assim, tudo se reduz a uma única expressão, e em tudo vemos uma forma mais ou menos produtiva; mas onde estão as receitas? Em que terras há lucro? Ah! Eis aqui o capítulo sobre os perigos.

Uma vez que se fala a um homem "Aqui está o cordão de prata para bordar seu traje, coloque-o apenas na gola ou no forro, tome o carretel, use-o com comedimento", as paixões, os desejos das

---

[66] Louis-René de La Chalotais (1701-1785) foi um magistrado da Bretanha, província francesa à época. (N. do T.)

mulheres gordas, tudo acontece de uma só vez, e então coloca-se o cordão sobre todas as costuras; então, numa bela manhã, o carretel está completamente vazio.

O carretel é sua carteira! O legislador disse aos tabeliães e aos advogados: – Vocês levam o cordão. – Daí veio o provérbio; e, desde então, nossos reis, a partir de Carlos IX, e desde a ordenação de Moulins[67], sempre o combateram em vão.

Tentaremos fazer o que os reis da França e as tarifas não conseguiram, tratando de revelar os truques de certos funcionários ministeriais. Mas, infelizmente, estão aumentando suas contribuições de forma tão legítima e com tal habilidade que levamos anos para fazer esse tratado. Felizmente, pudemos dar-lhe como epígrafe:

"Criado no harém, conheço seus truques."

..........1..........

Do tabelião

Os perigos que sua carteira corre com o tabelião não parecem grandes, quase sempre passam despercebidos, e os efeitos de ignorar esse profissional por vezes só são revelados na segunda geração: um contrato de venda malfeito, um contrato de casamento ou uma transação explodem como uma bomba e incendeiam sua fortuna; mas você está morto, e são seus herdeiros que se debatem. Quando há erros de redação de um tabelião, a batalha é sempre travada no Palácio de Justiça; e um longo conhecimento

---

[67] Cidade originária da dinastia dos Bourbon, família real francesa desde o século XIV até a Revolução. (N. do T.)

da arte nos convenceu que a maioria dos processos provém da ignorância dos tabeliães. São eles os grandes rios que alimentam o mar das petições. Essas antigas margens nevadas lembram as geleiras dos Alpes, por onde fluem imperceptivelmente os grandes rios da Europa.

Esse erro capital, a redação malfeita, deve ser colocado na linha de frente, especialmente em nossos dias, em que um tabelião redige uma minuta enquanto dança, faz um inventário cantarolando uma ária de Rossini, ou compra terras dizendo: – Estou com o rei, ganho qualquer partida.

Para isso, há apenas um remédio: o homem desafortunado o suficiente para possuir uma grande fortuna deve submeter-se a um estudo aprofundado das leis, atos, etc.; deve conhecer o processo civil, conhecer o direito, ser capaz de redigir uma ata, fazer um borderô, fazer um inventário, uma partilha: esses são os encargos e aborrecimentos da fortuna. Não é de admirar, por isso, que tantas pessoas prefiram a pobreza.

Quando um homem rico é capaz de cuidar de seus próprios negócios, ele fica protegido desse defeito capital que mancha muitos atos notariais.

Há outro remédio, que consiste em chamar um bom advogado e entregar-lhe o documento para que o analise antes de ser assinado; mas deve-se tomar cuidado para que ele não tenha contato com o tabelião.

É assim que procedem muitas famílias poderosas, em que seria impraticável que o herdeiro presumido exercesse seu direito e fosse atrás de um advogado: essas famílias têm o que se chama um *conselho*. Trata-se de uma assembleia de alguns bons juristas que zelam pelos interesses de propriedade.

Outro perigo que enfrentamos, o que não é pouco, é a enorme quantidade de pequenas atas com as quais os tabeliães atravancam uma grande causa.

Suponha uma sucessão repleta de dificuldades, serão

emitidas vinte procurações, um enxame de recibos, etc.; uma procuração será enviada a duzentos e cinquenta quilômetros para um agente qualquer, e ele responderá que apenas esse documento não é o suficiente.

Seu avô morre: que Deus guarde sua alma! Durante sua vida, o bom homem era viciado em móveis, quadros, tabaqueiras, etc.

São vários os seus filhos; é preciso um inventário. Pois bem, veja só o que as peculiaridades deste bom velhinho vão lhe custar.

Inicia-se o inventário; o tabelião redige o *título* do inventário. Você acha que só é preciso escrever: Inventário do sr. Fulano de Tal... Pobre tolo!...

O título conterá todas as suas qualidades, seus poderes, seus direitos de sucessor, etc., e anexadas a ele as procurações de suas irmãs ou irmãos que estão a quase quinhentos quilômetros de distância.

O escrevente levará uma manhã para fazê-lo: às vezes, são sete ou oito páginas de minutas: nelas haverá três vacâncias. Uma vacância é um período de tempo em que se trabalha em sua casa. Essa vacância custa caro. Acompanhe de perto seus movimentos:

Chegam à sua casa e, do porão ao sótão, em sua presença, procuram, investigam, buscam descobrir tudo o que seu avô deixou ou não deixou para você.

Você vê dois escreventes de nariz pontudo que inspecionam todos os móveis, sacudindo mesas, virando cadeiras e, tal qual Cromwell[68], buscam o *espírito do Senhor*. Durante todo esse tempo, o tabelião, ou seu escrivão, toma nota, e o leiloeiro avalia os objetos.

Já consegue ver a despesa que essas tabaqueiras, esses quadros, lhe darão?

---

[68] Oliver Cromwell (1599 1658), foi um militar e líder político inglês. Após passar por uma conversão religiosa na década de 1630, tornou-se um puritano fervoroso. (N. do T.)

– Ah! Eis aqui uma belíssima peça! – exclama um escrivão. O tabelião o interrompe, o leiloeiro chega; examinam, admiram; você fica lisonjeado, conta como e onde seu avô conseguiu essa obra-prima, quanto era apegado a ela, e os outros ouvem: a hora passa.

Nesse meio-tempo, o primeiro escrivão, ou o segundo, diz, exaltado: – Não percamos nosso tempo: vamos, senhores, o tempo é precioso.

Mas tal é a curiosidade humana que todas essas vacâncias são passadas da mesma forma. Você se maravilha com a prontidão desses senhores, com sua habilidade em encontrar os esconderijos onde os avarentos guardam seu dinheiro ou seu testamento, e seria-lhe impossível imaginar um número menor de vacâncias.

Ora, o inventário da sra. De Pompadour durou um ano inteiro.

Não mencionamos aqui a expedição do inventário, que lhe é entregue como *via executória* e custa extremamente caro; tenha em mente, como princípio geral, que você deve sempre declarar com firmeza que não quer a expedição de sua cópia do inventário.

Essa minuta, que lhe parece ser a versão definitiva e tem apenas dez ou vinte páginas, chegará às suas mãos em um volume com folhas dobradas em quatro, quatrocentas delas. Seria como uma mudança no porte de Perlet[69]: você acaba de vê-lo seco como um arenque selvagem, no "Gastrônomo sem tostão"; e ele volta à portaria gordo como Bernard Léon[70].

Assim, repetimos, nunca peça expedição a um tabelião, a

---

69 Pierre Perlet (1804-1843) foi um ilustrador e amigo de Balzac, chegando a ilustrar alguns de seus livros. (N. do T.)

70 Jean Bernard Léon Foucault (1819-1868) foi um físico e astrônomo francês, inventor do pêndulo de Foucault e amigo pessoal do autor. (N. do T.)

não ser para as escrituras de compra e venda; basta anotar a data da outorga da ata e o nome do tabelião. Esse axioma é um dos mais importantes, por exemplo, quando você se casar e lhe trouxerem uma cópia do seu contrato de casamento, encadernada com lindas fitas cor-de-rosa, como se fossem as bandeiras de sua vitória! Você acha que esse galanteio notarial não lhe custará uma gratificação excessiva? Olho por olho, dente por dente.

* * *

Um outro capítulo muito mais importante, e que mal somos capazes de explicar, é o artigo sobre os depósitos em mãos de tabeliães. Nesse caso, tudo se resume em confiança; é como escolher um médico. Existem pessoas que se baseiam na ciência de Lavater, examinam as feições de seu tabelião e fogem se ele tem a tez vermelha ou se seus olhos são esbranquecidos, se é estrábico ou manco. Quanto a nós, só podemos mostrar, através de um exemplo, a influência de um tabelião sobre um depósito e a influência de um depósito sobre um tabelião.

Em não sei que ano, um jovem sem fortuna comprou um belo cartório em Paris. Naquela época, um grande e sólido banco entrou em significativa falência. No entanto, quando os srs. Fulano, Sicrano e companhia chegaram a um país estrangeiro, foram estranhamente surpreendidos ao receber uma carta do administrador fiduciário de seus credores, informando-lhes que, em seus ativos, havia um montante duas vezes maior do que nos passivos; os banqueiros voltam e decidem, a conselho do administrador, que deixariam seus credores fazerem um acordo entre eles, mediante a soma de um milhão, depositada em cartório.

O acaso quis que o milhão caísse nas mãos do jovem tabelião que acabamos de mencionar. Depositaram em seu caixa dez vezes cem mil francos.

Você há de convir que a situação era incerta; e mesmo

aquele que se considera o homem mais honesto do mundo, se tivesse o mínimo de imaginação, dificilmente dormiria sobre um travesseiro recheado com cem mil cédulas, multiplicadas por dez.

Nosso jovem tabelião fez tantas reflexões que resolveu tornar-se legalmente o dono do milhão. Indagou sobre as causas que haviam motivado o depósito da bendita soma e descobriu que vários processos danosos entre os credores – ações intermináveis, porque dois ou três normandos, cinco advogados e três homens de negócios estavam envolvidos – atrasavam indefinidamente o pagamento das dívidas. – Bah! – disse-lhe o credor, desesperado com quem ele se consultara –, isso ainda vai durar anos!... E o azar é que nossos fundos não vão render nada.

Estas últimas palavras germinaram no coração do nosso jovem advogado: o governo acabara de criar um empréstimo vitalício. O rapaz foi imediatamente dar seu milhão ao governo, e recebeu em troca um registro de cem mil libras de renda vitalícia.

Ele espera que as contestações durem pelo menos cinco a seis anos, que os juros dos cem mil francos – que ele receberá anualmente – acumulados com os cem mil francos propriamente ditos restituam-lhe o milhão e que, o pagamento efetuado, ele se torne o possuidor legal das cem mil libras anuais.

Tudo parecia correr de acordo com seus desejos, no início. Por um ano e meio, estava tudo tão complicado que nem mesmo o próprio diabo teria se desembaraçado dessa confusão de processos; mas, ao cabo de dois anos, constatou-se que, anualmente, o montante deixava de render cinquenta mil francos em juros e que, se o processo corresse por mais alguns anos, as partes ficariam arruinadas em custos e perdas de dividendos; de tal forma que, um belo dia, a calma se estabeleceu, e os litigantes só pensaram em saldar as dívidas e mandar ao cartório um credor atrás do outro, todos munidos com seus borderôs.

O rapaz ficou completamente estupefato quando o primeiro credor enviado pelos administradores apareceu com o recibo de seu crédito, etc. Ficou então sabendo da completa pacificação entre os credores.

Não teve então outro recurso senão arrastar as coisas. Declarou que só poderia pagar quando todos os borderôs e credores estivessem reunidos, para não pagar mais do que o milhão que tinha depositado.

Tudo parecia correto: apressaram-se em resolver tudo; e, um belo dia, ele foi saudado com a cobrança do milhão. Usou ainda algumas outras medidas como pretexto, encontrou maneiras de achar duas ou três oposições; mas, ao fim de seis meses, tudo estava em ordem; e, finalmente, viu-se forçado a convocar todos os credores ao seu escritório certa manhã.

Não foi sem uma sensação de pavor que ele se viu cercado por cinquenta credores cujas mãos estavam ávidas para sentir seu precioso dinheiro. Fez com que se sentassem e, colocando-se diante da escrivaninha, em sua poltrona notarial, olhou-os inquieto: reinava um silêncio solene.

– Senhores – disse-lhes –, eis aqui todos os seus borderôs, estão em ordem; tudo que me resta é pagar-lhes.

Diante desse início, os credores entreolham-se com satisfação.

– Não posso fazê-lo neste momento, pois não tenho mais o milhão depositado...

Mal terminara de falar tal frase, os cinquenta credores levantaram-se, irritados, a raiva resplandecendo, os olhos iluminados; como em um coro de ópera, os credores lançam-se contra o tabelião, e as palavras furiosas a seguir foram repetidas mil vezes: – Você é um patife! Onde está nosso dinheiro?... Devemos processá-lo, etc.

Mas essa fúria repentina baixou – como a espuma branca de uma panela cheia de leite retirada do fogo pela cozinheira – quando viram a expressão solene do advogado.

– Senhores – disse ele –, me dói perceber que não são sábios; estão comprometendo seus créditos. Tratem de não me fazer nenhum mal; sou delicado, de constituição frágil e a tristeza me deixa doente. Se destruírem minha saúde ou minha reputação, perderão tudo; se, ao contrário, prestarem-me particular atenção, cuidando para que nada me acometa e deixando-me viver em paz, antes de três ou quatro anos, cinco no máximo, terão recebido tudo, incluindo juros: podem ver que tenho consciência. Por isso, imagino que vão procurar saber de meus gostos, de minhas fantasias, meus prazeres; imagino que o sr. Fulano de Tal me enviará cestas de gostosuras de Le Mans; o sr. X... me convidará para suas festas. Sim, senhor, pois uma icterícia, um cólera ou um cogumelo mal escolhido lhes faria perder tudo.

O mais profundo silêncio reinava, e alguns credores acreditavam que o jovem tabelião endoidecera. – Senhores – acrescentou ele –, eis aqui uma inscrição de cem mil libras de renda vitalícia constituída em meu nome, e eis aqui seu milhão (apontou-lhes o próprio estômago); coloquei o dinheiro nas mãos do governo, que me devolve em parcelas; poderia tê-lo roubado, mas coloquei-o para render. Como veem, seus créditos estão seguros, e dependem de minha saúde. Como prova de minha boa-fé, aqui estão duzentos e cinquenta mil francos para pagar os que estão com mais pressa; os outros não esperarão muito tempo – diz ele. À raiva segue-se a mais profunda admiração por tão hábil manobra: os advogados presentes, sobretudo, curvavam-se diante desse sábio arranjo.

– Isso não é tudo, senhores, exijo o maior sigilo, pois tenho muito amor por minha reputação; e, caso meus negócios fossem afetados por sua indiscrição, eu morreria de tristeza.

O segredo foi guardado por muito tempo, e o jovem tabelião acumulou assim uma das fortunas mais notáveis que o tabelionato já viu.

Nem sempre tudo corre tão bem. Esse exemplo deve bastar para o presente item.

* * *

Dentre os serviços que a instituição dos tabeliães presta à sociedade, devemos contar com o serviço de intermediação entre credores e devedores: são eles os senadores da república hipotecária. Todo esse assunto envolve os tabeliães e seus atos. E, a esse respeito, há muitos perigos.

Há pessoas que afirmam que alguns tabeliães, principalmente no interior, têm a arte de investir o capital do credor a cinco, e arrancar do devedor sete, oito, até mesmo nove. Tais caluniadores acrescentam que esses juros excedentes são liquidados e pagos por meio de notas promissórias, cujo vencimento coincide com o dos juros legais: isso é mera brincadeira de criança. Se um notário investir cem mil francos por ano, um ou dois por cento produzem mil ou dois mil francos. Ninguém se compromete por cem luíses, essa seria a história do normando enforcado por alguns pregos.

Outros dizem que é fácil para os tabeliães fazerem com que você empreste seu dinheiro a pessoas arruinadas, fazendo com que perca dinheiro que não poderá ser reembolsado, porque são os *últimos inscritos*. Por que um tabelião faria isso? E que quantia valeria o descrédito que tais operações trariam a seu cartório?... Aliás, isso cabe ao cliente, pois é uma armadilha que até a mais escassa inteligência pode evitar, verificando as hipotecas.

Sobre esse assunto, um caso recente serviu de alerta,

provando que, no uso de seus fundos, um homem deve ser minucioso a ponto de tornar-se ridículo.

Em geral, um homem da sociedade que receber certa educação só renuncia à probidade por grandes somas capazes de enriquecê-lo para sempre: então, só devemos tomar cuidado quando o dinheiro emprestado puder ser, de alguma forma, habilmente subtraído.

Assim, um tabelião cuja fortuna aparente excluía quaisquer suspeitas, imaginou apropriar-se das somas que seus clientes supostamente emprestariam a indivíduos utópicos.

Ele tomava o cuidado de investir a soma emprestada em uma bela propriedade, e nunca deixava o suposto mutuário ter contato com seu cliente.

Dava ao credor um título lavrado por ele mesmo, um título falso; depois, fornecia-lhe uma hipoteca igualmente falsa.

Era realmente cômico que esse tabelião ficasse examinando as casas de Paris, escolhendo as mais belas para hipotecá-las imaginariamente a cem, duzentos mil francos.

Entre outras aventuras, esta aconteceu pouco antes da catástrofe. O sr. B... imaginara tomar emprestados, de acordo com esse método, quarenta mil francos de um de seus amigos, dinheiro supostamente emprestado para sua sogra que, no ato, designou como garantia uma casa de campo localizada em Saint M..., perto de Paris.

Passados alguns dias, aquele que emprestou o dinheiro vai passear no bosque de..., e resolveu, por curiosidade, conhecer a casa de campo que hipotecara: achou o exterior encantador e decidiu entrar.

Supondo que as pessoas a quem emprestara quarenta mil francos não lhe negariam hospitalidade, faz-se anunciar e vê-se recebido pela sogra do tabelião com extrema frieza.

Elogia enfaticamente o encantador refúgio e deseja ver seu interior; fala como se estivesse na própria casa, etc. A senhora, tomando-o por um daqueles intrometidos tão comuns em Paris, mas espantada com seu ar de boa-fé, por fim, diz:

– Senhor, não tenho o prazer de conhecê-lo, e não sei por que razão atribuir... – Ele a interrompe, dizendo com ar de triunfo: – Sou o senhor...

A dama olha para ele com ar de surpresa e repete: – Senhor...

Por fim, ele toma a palavra e explica o empréstimo de quarenta mil francos e a hipoteca que tem sobre a casa. A senhora nega e inicia-se uma discussão acalorada. Enquanto discutiam, a sogra do tabelião fica furiosa e o Sr... é forçado a se retirar. A Sra... o derrotara completamente.

No dia seguinte, pela manhã, ele corre ao tabelião, conta-lhe sua aventura e exige-lhe explicações, de maneira um tanto exaltada.

– Com quem falou? – perguntou o tabelião.

– Com uma senhora.

– Uma senhora de certa idade, vestida assim e assim?

– Isso mesmo!

– Ora, ora! Meu caro, não é de se admirar: minha sogra é louca. Falta-lhe um parafuso. Em consideração à família, não queremos interná-la; mas a mantemos ali sem falar-lhe de negócios. Se está receoso, vou reembolsá-lo...

– E reembolsou, temendo as consequências desse caso.

Uma aventura ainda mais original revelou o mistério das operações do sr. B..., que acabou fugindo.

Por sua causa, a câmara dos tabeliães declarou que tudo seria reembolsado; e, por essa nobre conduta, os tabeliães de Paris provaram que sua honrosa solidariedade é a melhor de todas as garantias.

No entanto, rico ou pobre, siga cuidadosamente todas as transações que fizer: este é um conselho que vale mais do que a pequena quantia com a qual você comprou este livro.

2

Do advogado

Finalmente chegamos a este célebre ofício que um conjunto unânime de acusações tem perseguido continuamente, sem nunca conseguir alcançá-lo. Justiça seja feita aos advogados franceses! Eles são os decanos, os patronos, os santos, os deuses da arte de fazer fortuna rapidamente; e, com a sagacidade que lhes atrai tantos elogios, respondem às críticas com esse poderoso argumento: – Não é nossa culpa se Têmis[71], de quem somos os grandes dignatários, sempre desagrade uma ou duas pessoas. Por isso, se são julgadas cem causas por ano na França, haverá cem mil detratores do honorável corpo de promotores.

De todas as mercadorias deste mundo, a mais cara é sem dúvida a justiça. Muitos pensam que a glória é ainda mais custosa; mas acreditamos ser a justiça e provaremos que não estamos errados.

Pensemos inicialmente, como primeiro princípio, que mesmo a pior transação, elaborada por um tabelião ignorante, é melhor do que ser submetido ao melhor dos processos, até mesmo se acabamos por ganhar a causa; e tenhamos certeza de que, aos colocar os pés no escritório de um advogado, já estamos colocando nossa fortuna à beira de um precipício!... Quanto a isso, se ainda tem dúvidas, continue a ler.

Há jovens escreventes que, para explicar tal perigo, citariam-lhe, como primeiro exemplo, o que costuma-se chamar de *ninharia*. Ora, como essas ninharias representam

---

[71] Na mitologia grega, filha de Urano e de Gaia, deusa da lei e dos juramentos dos homens. (N. do T.)

apenas, falando com sinceridade, a relva de uma floresta, seremos os últimos a atear-lhe fogo; pois, hoje em dia, a ninharia que encantava os antigos promotores nada mais é que brincadeira de criança legada aos iniciantes: já se reconhece até que não dão lucro. Quanto a nós, vamos falar sobre o que é mais importante, e mostraremos como a coisa mais simples do mundo acaba por tornar-se a mais complicada e, consequentemente, a mais produtiva.

............3............

Da ordem

Talvez você imagine que tudo isso tem a ver com a ordem que você precisa ter em seus negócios... Você está muito longe da verdade; aqui, ordem significa confusão, anarquia dos diabos, fogaréu, etc.

Imagine, por um instante, que você tem uma casa (talvez você não tenha nem um centavo, pouco importa, dê asas à imaginação; isso é sempre bom). Quem tem casa nem sempre é muito rico; e, como sua esposa tem fantasias e você tem desejos, vocês acabam exaurindo seus capitais e, por fim, fazem um empréstimo.

Você vai aos tabeliães para obter dinheiro a cinco, seis, sete, oito por cento; você hipoteca sua bela casa, que vale setecentos ou oitocentos mil francos, inicialmente por dez, depois vinte, depois cinco, depois dez mil francos; você não paga no prazo devido e, por isso, vê-se forçado a acumular dívidas, fazer novos empréstimos, etc.

Depois de uma dezena de anos, você começa a se preocupar; e, ao levantar-se de manhã, diz para si mesmo:
– Que diabos! Tenho de pôr ordem em meus negócios: deve haver umas trinta ou quarenta hipotecas sobre essa

casa tão bela! – Na verdade, entrando ou saindo da casa, em vez de ver venezianas e beirais, você vê uma nuvem de duzentos, trezentos, às vezes quatrocentos mil francos pairando sobre o telhado, em meio a uma centena de figuras que parecem pedir-lhe dinheiro, voando de um lado para o outro.

Então, um belo dia, você tem a brilhante ideia de colocar a casa à venda, de transformar o resto de seu valor em títulos ao portador e, enfim, viver em paz. De fato, logo demonstra a intenção de vender. Assim que o faz, seus credores ficam com medo, imaginando que você está em maus lençóis; pedem-lhe reembolso, e você não tem dinheiro; então, processam-no e querem sua desapropriação. É a isso que os advogados chamam atear fogo a um caso; mas ainda não chegamos à *ordem*.

Você escolhe um advogado para defendê-lo; é então que começa o alvoroço. Alguns afirmam que o preço da venda não será suficiente para pagá-los; outros exigem uma comissão maior do que lhes compete; mas seu advogado faz uma defesa vigorosa e, após um combate em que você angaria algumas vantagens, chega-se ao acordo de converter a execução hipotecária em venda voluntária.

Você fica feliz, pois pensa que vai arrecadar o restante e finalmente viverá em paz; e, de fato, sua casa foi vendida por seiscentos mil francos. Daí recomeça a ação entre os credores, que competem por sua parcela, etc.

Seu comprador, irritado, faz ofertas e, depois dessa pequena complicação incidental, acaba depositando o dinheiro em um fundo de amortização.

Enfim, depois de muitos julgamentos e litígios, é feito um despacho, ou seja, seus credores serão pagos em juízo, um após o outro. Você acha que é algo muito simples. Ledo engano!... Procede-se da seguinte maneira.

O advogado do comprador e o advogado do credor mais antigo notificam a todos os credores:
1º O parecer da aquisição ou o contrato;
2º O pedido ao juiz para saldar todas as dívidas;
3º O estado de suas inscrições, etc.

Assim define uma lei sábia: é necessário que cada credor tenha conhecimento do parecer, para poder dar um lance mais alto sobre o imóvel, caso julgue que tenha sido vendido a um preço baixo; convém que se verifique o estado das inscrições para ter certeza que correspondam ao que está em julgamento, se não foram inseridas falsas dívidas, credores pagos, etc. É preciso contestar, nada mais justo. Você, durante todo esse tempo, cruza os braços e assume um ar encantador.

Frequentemente, o advogado do comprador e o advogado dos oponentes mais antigos são a mesma pessoa; já que, na maioria das vezes, é um credor poderoso quem compra o imóvel; e é nesse momento que, subitamente, você vai perceber seu bem ser tragado pela *ordem*!

Há cem pessoas inscritas, sem contar os advogados, cujos honorários são pagos com títulos da penhora sobre o próprio imóvel, e colocar apenas *cem inscritos* na lista é um ato modesto; pois, muitas vezes, nossos credores transferiram para outras pessoas um terço, um quarto, metade de seus créditos; e, às vezes, para um de seus empréstimos de dez mil francos, há três ou quatro inscritos que você nunca viu na vida. Por isso, tenha a dignidade de seguir com atenção o cálculo que vamos fazer.

Uma ação de aquisição que tem apenas duzentos e cinquenta registros é modesta, se você considerar que cada registro tem apenas vinte linhas, apenas cinco sílabas por linha, e que contém toda a história de seus predecessores na posse da casa, quem a construiu, em que terreno, etc., sua descrição, etc., o processo, etc., etc.

Assim, calculamos 250 registros .... 250 registros

Seremos modestos ao colocar cinquenta registros para a petição em que seus credores solicitam aos juízes para abrir a ordem dos credores .... 50 registros

O demonstrativo dos registros, ah!, para essa parte, trezentos registros não é nada excessivo .... 300 registros

Total .... 600 registros

São, portanto, seiscentos registros que o advogado deve apresentar aos mais de cem credores inscritos em sua casa.

Ora, a lei concede trinta centavos (o que não é muito) para cada registro notificado, e uma folha de papel timbrado de setenta centavos para cada seis registros.

Assim, calculemos quanto custará para notificar apenas um único credor:

1º Seiscentos registros a trinta centavos
.... 180 francos

2º Cem folhas de papel timbrado a setenta centavos
.... 70 francos

Total
.... 250 francos

Agora, multiplique esses duzentos e cinquenta francos por cem e terá cerca de trinta mil francos por apenas uma notificação. Mas, dirá você, o advogado não ganha muito; ele tem de copiar cem vezes seiscentos registros, o que perfaz sessenta mil registros escritos: onde ele vai encontrar escreventes suficientes?

Já chega, meu caro senhor, os escreventes não escrevem nem mesmo a perninha de um *a*...

Na verdade, você quer saber qual será o lucro do advogado? Ei-lo: numa folha de setenta centavos, onde cabem seis registros, ele colocará quarenta e, das dez mil folhas que ele deveria usar, lhe sobrarão oito mil e quinhentas.

Isso não é tudo; em vez de mandar copiar esses sessenta mil registros, que lhe custariam mais de quinze mil francos se tivessem de ser escritos à mão, ele imprimirá tal notificação, que caberá em um oitavo de folha; e, com uma tiragem de cento e tantos exemplares, em vez de trinta centavos por registro – que você está obrigado a pagar-lhe –, custará no máximo menos de um duodécimo de centavo.

É aqui onde começa uma *ordem*: mas você pode imaginar que lhe daremos apenas as linhas gerais. Pouparemos você das contestações, colocações, processos incidentais, picuinhas, etc. Faremos apenas uma última observação: você tem cem credores, mas cada um deles mudou de endereço durante os dez anos que você levou para tomar emprestados trezentos ou quatrocentos mil francos, e a residência do credor no registro da hipoteca, muitas vezes, não é mais a residência atual dele; ora, a lei determina que, para que os credores não se frustrem, e para que não se venda sua parte sem seu conhecimento, sejam notificados em todos os endereços possíveis; assim, se cada credor tiver uma casa de campo, em vez de trinta mil francos, teremos sessenta.

Não vamos informá-lo sobre as taxas que os oficiais de justiça dão aos advogados para que eles sejam convocados; porém, se a notificação custa vinte francos, e dão cinco ao advogado, em duzentas notificações, lá vai outra nota de mil francos, sempre para o advogado.

No entanto, há uma última peculiaridade mais importante do que todo o resto, é que nada disso é ilegal; tudo é feito de acordo com o que foi tabelado, e você não pode dizer nada. O advogado que segue tal procedimento não é mais patife do que você ou do que o sr. Fulano de Tal. Para você, é apenas um infortúnio, como quando se quebra uma perna.

Em suma, se você tem quatrocentos mil francos em dívidas, e seu imóvel é vendido por seiscentos mil francos, deduzindo-se os custos do processo, da *ordem*, das taxas dos processos incidentais, etc., você poderá ficar com cinquenta mil francos líquidos.

No entanto, se, no meio de toda essa confusão, um de seus credores, incitado por seu advogado, decidisse oferecer um lance mais alto, ou se os direitos de sua esposa sobre o imóvel não estivessem claramente estabelecidos, tudo estaria perdido: você teria de fugir para os Estados Unidos. Contudo, a legislação sobre hipotecas é algo muito bom.

Frequentemente, quando um processo termina com grande vantagem para você, é proferida uma sentença cuja expedição você deseja ter logo em mãos para notificar o adversário e fazê-lo parar a ação contra si; então, você exige a expedição ao advogado, que olha para você e diz: – Isso não depende de mim!... É o agente judiciário que trata disso; vá até o Palácio da Justiça, pressione-o!...

Você vai percorrer quase cento e cinquenta quilômetros sem encontrar tal agente; e, se conseguir encontrá-lo, ele lhe mostrará uma centena de sentenças que devem ser despachadas antes da sua; e, ainda assim, você oferecerá mil francos para conseguir o papel.

Você volta ao advogado, com o espírito em desespero, e ele sorri: – O que é preciso para conseguir esse maldito papel? – Quer que eu resolva isso? – o advogado dirá; mas você terá de pagar generosamente pela solução. Você concorda. Três dias depois, o papel está em suas mãos. Porém, no final do relatório de despesas, encontra-se essa linha sentenciosa: "Serviços, deslocamentos, compras, etc., quinhentos francos". E você paga sem dizer uma só palavra. E considere-se com sorte se um escrivão não lhe pedir nada para o *cartório*.

Quando um caso está muito enrolado, e as sentenças vêm

e vão como balas em um campo de batalha, há um grande número de partes envolvidas na causa e as sentenças são notificadas de advogado para advogado e de parte a parte; então, as notificações são *em branco*.

Notificar em branco é copiar todo o dispositivo do julgamento, precedido de *Carlos, pela graça de Deus, rei da França e de Navarra*, etc., algumas partes da sentença e o último registro.

É claro que a somatória que figura no relatório de despesas implica que todo o texto lá estava. E, se o julgamento tiver cem registros, se houver dez partes, você pode imaginar o lucro dos cálculos feitos no artigo da *ordem*.

* * *

Apesar de todo o nosso respeito pelos senhores advogados, admitiremos que essa prática é quase um equívoco, e não muito sentimental.

Um abuso ainda mais grave, e principal fonte de lucro dos advogados, é a PETIÇÃO.

Para entender muito bem o que é uma petição, você deve visualizar claramente o pequeno cálculo que fizemos relativo às notificações da *ordem*: agora, conceda-nos alguns instantes de sua atenção.

Não importa em que negócio, quando você é processado na justiça, e alguém reivindica sobre si um direito que você não deseja conceder, e você e seu oponente estão *coram judice*[72] – ambos têm seu próprio advogado que pleiteia suas respectivas razões –, eis a batalha: os advogados são os exércitos; mas, antes de começar o conflito, os reis publicam manifestos, fazem declarações de guerra.

Sua declaração de guerra é a *petição inicial*: uma enorme idiotice.

---

72 "Na presença de um juiz," em latim. (N. do T.)

Vem então o manifesto: essa é a petição!... Tal petição deve ser apresentada aos juízes, que nunca a lerão, pelo seu advogado, que, no caso, é seu representante, seu padrinho.

Essa petição é notificada de advogado a advogado, e nunca às partes; isso os inflamaria demais. Assim, se há dez partes, há dez cópias da petição e dez notificações: há uma minuta que fica com seu advogado. Essa minuta, que faz parte do dossiê, é chamada de *a gorda*. Esse apelido, você acreditaria ser uma piada, um trocadilho, se pudesse consultá-la. A tal *gorda* é composta por folhas de papel ofício timbrado, nas quais suas razões são expostas, segundo a lei, com vinte linhas por folha e cinco sílabas por linha.

Cada folha é chamada de registro, e o registro da *gorda* custa dois francos apenas por sua eloquência; o papel e seu conteúdo são cobrados à parte.

Já vimos petições com duzentos, trezentos registros, citações com vinte partes.

Você pode imaginar que, se a lei exige vinte linhas e cinco sílabas, raramente haverá mais e, frequentemente, menos.

Não há processo em que não seja feita uma petição.

Você se chama Brutus[73], um filho da Revolução? Faz-se necessário um processo para corrigir esse nome infame e tomar o nome de Pierre. Petição do sr. Brutus... ao sr. presidente, etc., e tal petição apresenta, em vinte registros, os efeitos da tormenta revolucionária, os crimes que degradaram Paris, a prudência do legislador que permitiu àquele cujo prenome é Saint Maur, e que se chama agora Pierre, de poder mudar de nome, seguido dos artigos do Código, etc.

Uma mudança de nome, um M ou um L, Saint Pierre, Jacques, Brutus, custam cem escudos.

---

73 Nome de uma seção revolucionária – divisão política à época da Revolução Francesa – da cidade de Paris. (N. do T.)

Você imagina que, enquanto um escrevente esboça a petição, havendo dez partes, haverá dez escreventes redigindo uma cópia para a notificação, e aí está o milagre. Muito se fala sobre o milagre dos cinco pães que alimentaram quarenta mil homens; o promotor faz exatamente o contrário; as quarenta mil linhas da petição devem caber em cinco páginas, e os escreventes devem escrever em letras miúdas, apertadas e abreviadas.

Por isso, *nfo* quer dizer notificação; *jt*, julgamento; *ndo*, notificado; *pt*, petição; *ag*, algum; *icst*, incessantemente, etc.; mas os escreventes têm de lutar contra as leis do sistema tributário, que proíbem, sob pena de multa, mais de quarenta linhas em uma folha de papel timbrado a trinta e cinco centavos. No entanto, como os fiscais não tiveram ânimo o suficiente de prescrever o número de letras, veem-se letras miúdas e espremidas de tal forma que seria necessário ter uma lente para lê-las, como se toda a obra de Voltaire constasse em um único volume; mais um lucro; pois, assim, fazem caber o máximo possível em uma única petição.

Um viva às penas do corvo, perfeitas para dar forma a esses caracteres sagrados que sustentam a malta da justiça! A pena de um corvo escreve de forma mil vezes mais delicada do que o pincel de um miniaturista.

Além disso, há uma arte de frasear e parafrasear, que é uma das coisas mais curiosas: por exemplo, elogios aos legisladores das novas alegações, vislumbres de sutileza e, ao mesmo tempo, de uma extensão tal que, muitas vezes, fazem os próprios juízes rirem.

Por exemplo, quando, em 1814, o céu nos devolveu os Bourbon, Luís XVIII emitiu um decreto em dezembro, que devolvia aos emigrados todos os seus bens não vendidos. Houve uma série de objeções da parte dos credores. Pois bem, apostamos que essa frase sacramental e popular consta de um número incomensurável de petições.

Quando, em Sua sabedoria, Deus fez pesar uma mão de ferro sobre a França (essa terrível expressão era destinada a Bonaparte), afligindo-a com tantos males, suscitando as mais violentas tempestades, oprimindo os povos sob o peso de um pavoroso colosso, quando as revoluções desencadearam sua fúria, foi, senhores (a petição é sempre dirigida ao tribunal), foi para tornar os Bourbon mais amados pela França, para reconduzi-los envoltos pelos benefícios da paz, sob dias de calma e tranquilidade. Surgiram como lembranças resguardadas pelo anjo da concórdia, e foram recebidos por aplausos unânimes... E o rei legislador, que respondia a nossos desejos, ao conceder esta Carta imortal, sentiu que também Deus havia-lhe imposto os deveres da gratidão para com seus antigos súditos, vítimas como ele do exílio, e que o seguiram por toda parte. Foi então que esse grande monarca, com pensamentos tão elevados, tão generosos, dignos de seus ancestrais, não contente em reparar os altares, em consolidar o trono, em restaurar a justiça à sua antiga glória, em fazer da França a França do passado, mais forte, ainda mais majestosa, sancionou essa célebre portaria, datada de..., que remonta aos emigrados a posse e o gozo de seus bens não vendidos, sem prejudicar ninguém além de si mesmo; pois esses bens dependiam da suposta coroa do feroz usurpador que mandava todos os franceses para a morte.

Quantos registros, quantas moedas de dois francos ligadas aos sentimentos monárquicos! Esse é o tipo de raciocínio por trás das petições: é assim que se prepara o grande combate onde seus advogados concretizam *pathós*[74] bem distintos.

Para que servem as petições?... Para nada. Em alguns

---

[74] "Paixão," em grego. Qualidade artística que estimula o sentimento de piedade, melancolia ou tristeza. (N. do T.)

casos, entretanto, são úteis para resumir o processo e instruir os advogados.

* * *

Quando seu advogado o defende em um caso, você o remunera generosamente; faz bem; isso não impedirá que, em seu relatório de despesas, você encontre quinze mil francos extras pela defesa do advogado, que vão direto para o bolso dele; e, se houver dez defesas, constará dez vezes: tal dia, pela defesa, quinze francos. Esses quinze francos constituem todo o salário que a lei concede aos advogados; é uma quantia tão módica que os advogados nem sequer tocam nela, deixando-a para os procuradores, que só abrem a boca para comer. Não pronunciam uma palavra sequer durante uma audiência, absolutamente nada: não importa, você os pagará mesmo que fiquem calados, falem ou escrevam.

* * *

Quando, em decorrência de qualquer contestação levantada no meio de um processo, seja necessária a realização de um inquérito ou uma perícia de bens, etc., a lei confere à parte o direito de ser assistida pelo procurador, pois esse defensor nunca deve abandoná-lo; ora, os promotores nunca deixam de fazer com que seu cliente peça sua assistência no laudo pericial, algo feito a cem ou cento e cinquenta quilômetros de distância, recebendo por quilômetro de deslocamento mais nove francos por vacância.

Ficam tranquilamente em casa, vão ao baile, jogam, dançam, etc., depois, quando a perícia termina, vão assinar as vacâncias antes do registro e, assim, ganham, dormindo em sua cama, aquecendo-se junto à lareira, duzentos, trezentos, novecentos francos, dependendo da importância do caso.

Não há nada que impeça um promotor de estar no mesmo dia em quatro ou cinco lugares diferentes.

Quando o falecido sr. Selves rebelou-se contra esses abusos, começaram a dizer que ele merecia a fogueira, que era um larápio, um ladrão, etc. Sua voz foi abafada e ele morreu lutando contra a corrente. Foi um dos cidadãos mais corajosos que conhecemos. Conseguiram ridicularizá-lo e, infelizmente, sua coragem indomável não se aliara à habilidade, à sátira, ao espírito de Beaumarchais[75]. Se essas fossem as qualidades do sr. Selves, com sua fortuna e tenacidade, ele provavelmente teria derrubado essas taxas e criado nossas leis: mas o sr. Selves estava velho, enfermo; não havia nada de cativante em seu estilo, e ele atacou os homens em vez de lutar contra as coisas. Daremos um exemplo que comprovará nossa afirmação.

O sr. Selves contou uma anedota, descrevendo-a como terrível: – Um camponês morre, deixando sua cabana e uma terra para dois filhos; o patrimônio vale setecentos francos; um advogado, de passagem, aproveita-se de uma briga entre o irmão e a irmã e aconselha-os a vender a casa por licitação. Os custos elevam-se a cerca de mil e setecentos francos, e o representante da lei, após ter-se apropriado da terra e da cabana, processou os infelizes em pagamento aos seus honorários.

Certamente, isso é revoltante; o advogado capaz de tamanho horror é um ladrão desarmado; mas tudo era perfeitamente legal; se os sentimentos se encolerizam, a lei se cala; e o sr. Selves deixou seu coração falar sem ouvir a razão, que lhe teria demonstrado friamente que os custos de uma licitação são os mesmos tanto para uma propriedade de um milhão quanto para uma cabana de um escudo, e era-lhe preciso atacar, acima de tudo, a lei; e, em vez de pedir a forca para o advogado, deveria ter

---

[75] Pierre-Augustin de Beaumarchais (1732-1799) foi um intelectual francês que atuou como inventor, dramaturgo, músico, diplomata, espião, editor, entre outros ofícios. (N. do T.)

publicado um artigo e, por meio da eloquência, requerido uma reforma.

* * *

Em uma prestação de contas na justiça, o adversário discute os artigos de sua prestação de contas em sua petição; ele as rejeita ou diminui quando se trata de despesa, e força-lhe goela abaixo, se for uma receita; seu advogado, então, responde com outra petição em que prova que todos os artigos são bons e válidos.

Esse novo tipo de petição é o que o Palácio de Justiça chama de *sustentação*, pois é destinada a sustentar seu pedido. Pois bem, nunca vimos uma sustentação ter menos de duzentos ou trezentos registros: na verdade, cada artigo requer uma pequena petição.

Portanto, tome cuidado para não prestar suas contas na justiça.

* * *

Quando você vende um imóvel por licitação, venda voluntária, execução hipotecária, etc., é publicado no Diário Oficial, ao custo de seis centavos por linha, o anúncio dessa venda, precedido da sentença que a autorizou, com um pequeno resumo das razões que o levaram a vender, seguido da designação do imóvel, de tal forma que esse anúncio é reiterado três vezes por adjudicação, chegando a uma soma considerável; saiba que o Diário Oficial repassa a terça parte dos anúncios aos advogados, como fazem os vendedores de partituras aos artistas: portanto, trate de garantir que essa parte lhe beneficie de alguma forma.

* * *

Voltemos à *ninharia*. Esse é o nome dado pelo povo a um sem-fim de pequenas atas, tais como as citações, as notificações de advogado a advogado, as requisições a instâncias superiores, os pedidos de comunicação das peças do processo, pareceres, etc., que compõem um processo. Em um escritório bem organizado, a feitura desses documentos ocorre antes do almoço e rende trinta a quarenta francos a cada manhã; mas observe bem que essa ninharia não é nada diante das petições, adjudicações, ordens, prestações de contas das custódias, contribuições, etc.

A *contribuição* é a *ordem*, mas aplicada aos móveis. Então, quando lhe prendem e tomam-lhe os bens, enquanto você dorme no corredor da Rue de la Clef[76], sua mobília é vendida e, muitas vezes, o preço não é suficiente para pagar suas dívidas; então, é feita uma *ordem*, e a soma é distribuída entre seus credores; mas essa *ordem* não é equivalente à anterior: é uma miniatura comparada aos afrescos de uma cúpula.

De manhã, por volta do meio-dia, quando o advogado se levanta, pois passou a noite no baile e quase sempre perde algum dinheiro no carteado, trazem-lhe, como a um ministro, sua *assinatura*, pois os escreventes chamam esse ato processual de "ir à assinatura"; trazem-lhe todas as atas da ninharia, todas as expedições e, então, o jovem advogado, sem ler uma só palavra, assina uma centena de termos, e seus olhos se arregalam, admirando os malditos escreventes que já fizeram todo aquele trabalho; mas, aplaude a si mesmo *in petto*[77], pois entre um advogado e um escrevente há uma diferença tão grande quanto entre um soldado raso e um marechal da França.

Há processos que começam, se desenrolam, são julgados, pagos, sem que o advogado nem sequer saiba o nome do cliente.

---

76 Rua de Paris onde estava localizada a casa de detenção Sainte-Pélagie, destruída em 1899. (N. do T.)

77 "Em segredo," em latim. (N. do T.)

Você imagina que, depois dessas descrições a respeito da profissão, não vamos lhe falar das formas mais ou menos habilidosas com que, de vez em quando, surrupiam-lhe um escudo para uma vacância, ou pelo deslocamento de um escrevente. Depois de ter-lhe dado a conhecer as geleiras da Suíça, não vamos lhe mostrar um queijo do Tortoni como se fosse uma curiosidade.

* * *

Haveria muito a dizer sobre a ordem dos advogados, até mesmo coisas agradáveis; no entanto, vamos ficar em silêncio, pois ela não faz parte de nosso assunto. Basta saber que essa ordem é uma revogação do princípio sagrado: "Lobos não comem lobos!".

RESUMO DO CAPÍTULO

Talvez você esteja esperando algumas boas máximas para guiá-lo por este labirinto chamado Palácio da Justiça. De forma nenhuma; pois, para sermos honestos, devemos confessar que nem mesmo um advogado aposentado tem meios de impedir o saque de sua própria carteira quando passa por um processo. Qual seria a melhor conduta para evitar custos?... Você poderia conhecer o Código Processual de cor e salteado; poderia descobrir os truques da máfia jurídica; poderia saber que o oficial de justiça e o Diário Oficial concedem descontos – tudo isso seria inútil; assim como seria inútil acompanhar seu caso de perto, pois você nunca escaparia das petições, nunca conseguiria limitar os autos de seu processo ao mínimo possível...

Um advogado não faria isso nem pelo próprio pai.

Além do mais, você não encontraria nenhum advogado para defendê-lo.

Se, como o sr. Selves, lhe nomeassem um promotor público, ele lhe defenderia mal e sua causa estaria infalivelmente perdida.

Se seu advogado ganhasse sua causa sem explorá-lo, seria considerado a ovelha negra de seus colegas e atrairia a animosidade de toda a corporação.

Enfim, se você vai com frequência ao escritório de seu advogado, mesmo que lhe pague bem, tanto ele quanto seus assistentes ficarão incomodados, e vão por isso prestar-lhe um péssimo serviço: que isso faça com que você estremeça intimamente e se comprometa a ceder diante de qualquer contestação que lhe possam fazer. Por fim, se for forçado a entrar em juízo, acompanhe sua causa, tente controlar seu dossiê, examine tudo que está sendo feito em seu interesse e impeça com autoridade as petições onerosas, as intimações desnecessárias; torne-se amigo dos funcionários do escritório, sem ter de passar pelo chefe; presenteie os escreventes, convença-os de que você conhece os truques do ofício, dos quais não quer ser vítima, e demonstre sua gratidão com belos jantares, suculentas ceias, almoços substanciais; abuse de trufas, vinhos generosos, e lembre-se de que trezentos francos gastos dessa forma economizam mil escudos. Em qualquer país, os santos têm mais poder do que o Bom Deus. Nunca se preocupe com o rei; mas tenha a seu lado a burocracia: eis a única tábua de salvação.

CAPÍTULO 2

...........1............

Dos agentes de câmbio

Os agentes de câmbio, sem dúvida, não acharão ruim por darmos preferência aos tabeliães e aos advogados. Não é a habilidade, mas a antiguidade, que nos levou a tal preferência. Na verdade, há apenas alguns anos compreendeu-se com clareza a importância dos agentes: essa função, que em 1814 não ganhava mais do que cerca de cinquenta mil francos, agora pode render um milhão; e as pessoas que são capazes de apreciar os recursos desse ofício garantem que não é muito.

A integridade e a consideração dos membros dessa corporação financeira aumentaram, sem dúvida, à proporção dos custos de seu ofício. Um agente de câmbio, em 1825, deve ser dezenove vezes mais honesto, mais ativo, mais inteligente do que seu predecessor; lida com valores vinte vezes mais altos, e sua casa, seu carro, seu seguro aumentaram na mesma proporção apologética do sistema decimal.

Os agentes de câmbio fazem parte das benfeitorias da sociedade que somos obrigados a aceitar, assim como as contribuições de guerra, as indenizações aos emigrados, etc. Quando queremos comprar, vender, transferir, temos de passar pelas mãos dessa inevitável companhia. O mal não está aí; mas essa confraria, assim como os arbustos em que as ovelhas deixam fiapos de sua lã branca, desnuda imperceptivelmente o homem honesto que vive de renda; e a receita de uma inscrição transferida vinte vezes é absorvida pelos custos.

O ministério do agente de câmbio, como o da maioria dos servidores públicos, é totalmente confiável. Dê-lhe seus fundos para que ele faça uma compra; sem lhe dar um recibo, ele registra o valor do depósito em seu livro; depois diz "Comprei a tal câmbio", e você tem de confiar na sua palavra.

Poderíamos falar das diversas operações da bolsa de valores e de câmbio; mas não queremos revelar o segredo de certas fortunas colossais adquiridas em três meses; não nos lembraremos aqui das falências e dos processos judiciais recentes, a não ser para apoiar em temores salutares o conselho que damos a nossos leitores voluntários:

"Evite os agentes de câmbio, nunca jogue no mercado de ações se você tiver a infelicidade de viver de renda. Mantenha seus títulos, receba seus dividendos, mesmo que o sr. de Villèle[78] os reduza a três por cento."

2

Dos corretores de negócios

Paris está repleta de pessoas honestas que fazem seus negócios gerando os negócios alheios. O negociante falido, o advogado sem causa e o escriturário aposentado

---

[78] Jean-Baptiste de Villèle (1773-1854) foi um político francês, inúmeras vezes nomeado primeiro-ministro e líder da facção ultramonarquista que levou à Restauração (volta da família real francesa ao poder pós-Revolução Francesa). (N. do T.)

transformam-se em corretores de negócios, *proprio motu*[79], como diz o Papa.

Sem nos determos nesses pobres coitados que andam de porta em porta solicitando uma oportunidade, vamos dar uma olhada no corretor de negócios mais renomado de Paris, vejamos como é seu ofício.

Trata-se de um homem na casa dos quarenta. Tem um ar amável, aberto, suas maneiras distintas mostram que ele conhece a sociedade. Veste-se bem, seu cabriolé saiu das oficinas de Robert, seu cavalo foi comprado no Drake, enfim, é um homem decente.

Ele se levanta às dez horas, almoça no Café de Paris, visita dois ou três chefes de divisão, com quem mantém relações comerciais e de amizade. (O que quer dizer: aos quais deve, em espécie, sua gratidão.) Vai ver alguns credores do estado cuja dívida foi liquidada na véspera (e que ainda não foram oficialmente informados). Seu negócio está correndo perigo. Você pode perder tudo. O ministro quer dar baixa de todas as dívidas em atraso. – Coragem! Preste atenção, agora é tudo ou nada: ofereço-lhe vinte e cinco por cento da dívida. – O homem recusa. Ele oferece trinta, quarenta, cinquenta. Negócio fechado. O corretor fica com os documentos. Corre para o caixa para receber a soma total. Seu ofício lhe traz 50%.

Um bravo provinciano solicita a liquidação de sua pensão; outro pede uma condecoração, uma posição. Pedem a benevolente ajuda do corretor de negócios, ele envia os documentos pelo correio e remete-os ao ministério. Seis meses depois, por acaso, tudo é concedido. O corretor de negócios é rápido em avisar seus outorgantes. Exalta seus esforços, seus cuidados, pede uma soma enorme

---

[79] "Por iniciativa própria," em latim. (N. do T.)

pelos serviços prestados, seu tempo, suas despesas. Aí, seu ofício lhe rende 100%.

Um falsificador deseja obter um suprimento. O corretor vai a campo. Vai ver o secretário, presenteia a amante do monsenhor, consegue entrar no gabinete, trata diretamente com sua excelência. Nesse caso, não podemos especificar o lucro do ofício.

Existem corretores de negócios de todos os tipos: assim como os répteis, deveriam ser classificados em famílias e cuidadosamente descritos, desde o tipo que destrói a viúva, com o pretexto de ajudá-la a obter uma pensão, até aquele que desconta a doze por cento os títulos que remete ao banco por quatro; mas teríamos de escrever um livro, e só dispomos do espaço de um item; por isso, vamos resumir:

A cada vinte corretores de negócios, há, pelo menos, dezenove patifes.

Logo, você deve cuidar de seus próprios negócios, e não se lançar premeditadamente em uma armadilha.

.... 3 ....

Das casas de penhores

Como é bela a teoria. Tanto nos livros quanto nos discursos de um filantropo economista, a casa de penhores desempenha um lindo papel!

Instituição útil e prestativa, ela oferece ajuda ao comerciante enrolado em seus negócios, ao mercador obrigado a conseguir capital em pouco tempo, um recurso sempre à disposição. O infeliz encontra ali um auxílio necessário: os filhos pedem-lhe o que comer, a casa de penhores imediatamente empresta-lhe dinheiro, em troca de algum objeto inútil; e, além disso, só há vantagens reais! Pode-se recuperar o objeto em qualquer momento; a casa de penhores empresta a juros modestos; não se chega a conhecer o credor, não é preciso envergonhar-se do empréstimo feito; nunca se está exposto a uma recusa: enfim, o caixa da casa de penhores é, para toda a França, a carteira de um amigo.

Tudo isso é lindo, muito lindo; infelizmente, na prática, tudo muda de figura.

É verdade que a casa de penhores empresta a juros bastante moderados; mas, para começar, ela só empresta uma quantia igual à metade do valor do objeto depositado, e assim os juros são muito maiores do que parecem.

Além dos juros reais, deve-se acrescentar uma taxa inicial, uma taxa final, uma comissão e uma taxa de retirada; em suma, a casa de penhores empresta a vinte e cinco ou trinta por cento.

Além disso, a casa de penhores estabelece um prazo final, após o qual o objeto depositado é leiloado. Em suas vendas, o objeto – sobre o qual foi feito o empréstimo correspondente a metade de seu valor intrínseco – é vendido a um preço bastante elevado. No entanto, a administração, que se compromete a informar ao proprietário sobre o excedente da venda sobre o empréstimo e os juros, nunca restitui nada. Na verdade, as despesas da casa de penhores, juntamente com as despesas da venda, elevam os juros a mais de cinquenta por cento.

E é essa instituição imoral, esse tráfico infame, essa bandidagem horrível, que oprime a classe trabalhadora e pobre, que conta com defensores e apoiadores. Alegam eles que a casa de penhores evita que os infelizes recorram aos agiotas. Mas, na verdade, ela os incita a fazê-lo, pois esses senhores emprestam a doze por cento; assim, os usurários, que a lei condena e execra, são menos ladrões do que a casa de penhores que a lei institui e protege.

Diante dessas considerações, tiramos esta regra geral:

Em qualquer circunstância, é melhor vender do que depositar na casa de penhores.

......4......

Da loteria

Na porta da casa lotérica, um lindo quadro, decorado com laços de fitas rosa e verdes, apresenta aos olhos que atrai os afortunados bilhetes ganhadores. Como são provocantes esses bilhetes, como incitam a imaginação; aquele que os comprou fez fortuna, está feliz agora, pode satisfazer todos os seus desejos. Sim! Mas, se pudéssemos comparar as dores, os tormentos, os infortúnios causados por uma paixão funesta; se pudéssemos mostrar o pai jogando a fortuna de sua esposa, a vida de seus filhos, inicialmente crédulos, depois patifes, por fim, criminosos. A loteria causa mais suicídios do que a miséria: traz desespero e morte em seu rastro.

Mas não perdem todos? Todo mundo perde. Aquele que tem um título vencido paga bem caro de antemão, ou mais tarde perderá mais do que ganhou.

Há muito tempo, vozes eloquentes elevam-se em vão para exigir a abolição dessa instituição imoral. A única maneira de cortar o mal pela raiz é demonstrar sua evidência. O dia em que todos se convencerem de que o dinheiro apostado na loteria está perdido para sempre, que os sete milhões que o governo retira da loteria são um lucro vergonhoso, fruto de roubo; por fim, o dia em que ninguém mais gastar com a loteria, a autoridade que respeita a moral pública apenas quando seus interesses não a levam a violá-la, abolirá as loterias, pois elas se tornarão onerosas.

5

Não falaremos aqui das pequenas rifas burguesas, sobre as quais já manifestamos nossa opinião no item 16 do Livro Segundo.

6

Das casas de jogo

Em Paris, nessa capital do mundo civilizado, nesse centro de sociabilidade, de comércio, de indústria, no seio dessa cidade que um orador da Revolução, Anacharcis Clootz[80], chamava a capital do globo, existem casas onde a usura e o roubo são permitidos; onde a ruína, o desespero e o suicídio estão associados, e rendem para o governo imensas somas, que podem ser chamadas de *preço do sangue*.

Ao entrar em uma casa de jogo, deixamos a honra na porta, e feliz daquele que a recupera na saída. Em torno de uma longa mesa, vê-se uma multidão de seres com rostos abatidos e emaciados, tal qual as sombras de Dante, os pescoços esticados, os rostos inquietos, os olhos fixos em um feltro verde, números, cartas às quais confiam sua sorte. O dinheiro que é lançado nessa mesa fatal perde ao cair nela um décimo de seu valor; as probabilidades são combinadas de forma que o criador do jogo sempre ganhe. Esse ganho garantido, essa sorte desigual caracterizam um roubo; e esse direito ao roubo, o dono da casa comprou por dez milhões: por dez milhões ele pode roubar impunemente o homem inocente, corromper o

---

80 Jean-Baptiste du Val-de-Grâce, conhecido por Anacharcis Clootz (1755-1794), foi um revolucionário francês, jacobino, violentamente anticatólico. Adepto do Culto da Razão, foi mandado à guilhotina por Robespierre. (N. do T.)

jovem inexperiente, mergulhando no vício e no crime o imprudente seduzido por uma isca ardilosa.

Mas o mundo dos jogos não se contenta em retirar todo o seu dinheiro: ele o provoca, chama-o. Uma casa de penhores clandestina, uma casa de agiotagem, está estabelecida em cada casa de jogo. Lá, por uma joia, um relógio, um broche, empresta-se ouro, e esse ouro logo é engolido.

Que todos se convençam de que ninguém jamais ganhou nessas casas infames; se a fortuna sorri por um instante para o jogador, ela logo lhe vira as costas, e sempre a mais funesta das paixões acarretará na ruína completa daquele que por ela se deixa possuir.

Há dez anos, em cada sessão legislativa, enérgicos protestos se levantam contra a imoralidade dessa receita fiscal fulminante. As casas de jogo, no entanto, continuam abertas; um novo contrato acaba de ser firmado com o mundo dos jogos por mais cinco anos. Um ministério que se arma em defesa da religião e da moral, um ministério que faz leis contra o sacrilégio e que alonga as vestes dos bailarinos da ópera, deveria ouvir os gritos dos infelizes que se perderam nas casas de jogo, e a voz patriótica dos legisladores que querem acabar com esse escândalo que desonra a nação.

........7........

Empréstimos. Dívidas públicas

Nada é mais precioso do que o crédito; e o honesto sr. Schneider, que inventou o queijo Gruyère e o sistema de empréstimos, prestou um verdadeiro serviço à sociedade.

Por meio de empréstimos, a desigualdade das fortunas desaparece, a riqueza é uma quimera, toda sumidade é nivelada. Aquele que toma emprestado torna-se, por um instante, positivamente mais rico do que aquele que empresta; seja o governo constitucional ou o soberano absoluto, o tomador do empréstimo não admite nenhum risco de perda, e imagina todas as possibilidades de lucro. É uma coisa bizarra essa atividade especulativa que, nos últimos anos, tomou conta de nossos ricos banqueiros. De onde quer que venha uma proposta, ela encontra ouvidos e carteiras abertos. O mesmo caixa abastece a Santa Aliança e o senado grego. Se o sultão turco precisar de dinheiro, certamente sua boa aparência o ajudará a encontrá-lo, e seu empréstimo será sem demora concedido.

No entanto, quantos exemplos deveriam alertar contra essa ganância por oportunidades. Os governos vão à falência como se fossem indivíduos; e os governos não temem as galés. No passado, a França arruinou seus súditos, reduzindo-os a dois terços; ainda hoje, está à beira de um novo tipo de falência, ao converter as rendas de cinco para três por cento. Contudo, sempre há pessoas dispostas a comprar e a negociar esses valores ideais que rendem menos do que uma casa, do que terras, e que, no entanto, não podem ser segurados contra o granizo e os incêndios.

Impressão e Acabamento
Gráfica Oceano